D1879052

श्रीलाल शुक्ल

श्रीलाल शुक्ल का जन्म 31 दिसम्बर, 1925 को लखनऊ, उत्तर प्रदेश के अतरौली गाँव में हुआ। उन्होंने इलाहाबाद विश्वविद्यालय से स्नातक किया।

उनकी प्रमुख कृतियाँ हैं—'सूनी घाटी का सूरज', 'अज्ञातवास', 'राग दरबारी', 'आदमी का ज़हर', 'सीमाएँ टूटती हैं', 'मकान', 'पहला पड़ाव', 'बिस्रामपुर का सन्त' (उपन्यास); 'यह घर मेरा नहीं', 'सुरक्षा तथा अन्य कहानियाँ', 'इस उम्र में' (कहानी); 'अंगद का पाँव', 'यहाँ से वहाँ', 'मेरी श्रेष्ठ व्यंग्य रचनाएँ', 'ख़बरों की जुगाली', 'उमरावनगर में कुछ दिन', 'कुछ ज़मीन पर कुछ हवा में', 'आओ बैठ लें कुछ देर', 'अगली शताब्दी का शहर', 'जहालत के पचास साल' (व्यंग्य); 'अज्ञेय : कुछ रंग कुछ राग', 'कुछ साहित्य चर्चा भी' (आलोचना); 'भगवतीचरण वर्मा', 'अमृतलाल नागर' (विनिबन्ध); 'श्रीलाल शुक्ल संचयिता' (संचयन); 'बब्बर सिंह और उसके साथी' (बाल-साहित्य)। 'पहला पड़ाव' अंग्रेज़ी, 'मकान' बांग्ला और 'राग दरबारी' सभी प्रमुख भारतीय भाषाओं सहित अंग्रेज़ी में अनूदित है।

उन्हें 'ज्ञानपीठ पुरस्कार', 'साहित्य अकादेमी पुरस्कार', 'व्यास सम्मान', 'साहित्य भूषण सम्मान', कुरुक्षेत्र विश्वविद्यालय के 'गोयल साहित्य पुरस्कार', 'लोहिया अतिविशिष्ट सम्मान', म.प्र. शासन के 'शरद जोशी सम्मान', 'मैथिलीशरण गुप्त सम्मान' से सम्मानित और 'पद्मभूषण' से अलंकृत किया गया।

निधन : 28 अक्टूबर, 2011

अंगद का पाँव

श्रीलाल शुक्ल

राजकमल पेपरबैक्स

पहला पुस्तकालय संस्करण
राजकमल प्रकाशन प्राइवेट लिमिटेड द्वारा
1980 में प्रकाशित

राजकमल पेपरबैक्स में
पहला संस्करण : 2023
दूसरा संस्करण : 2025

राजकमल पेपरबैक्स : उत्कृष्ट साहित्य के जनसुलभ संस्करण

राजकमल प्रकाशन प्रा.लि.
1-बी, नेताजी सुभाष मार्ग, दरियागंज
नई दिल्ली-110 002
द्वारा प्रकाशित

शाखाएँ : अशोक राजपथ, साइंस कॉलेज के सामने, पटना-800 006
पहली मंजिल, दरबारी बिल्डिंग, महात्मा गांधी मार्ग, प्रयागराज-211 001
1, अनमोल सोराबजी सन्तुक लेन, धोबी तलाव, मरीन लाइंस, मुम्बई-400 002
वेबसाइट : www.rajkamalprakashan.com
ई-मेल : info@rajkamalprakashan.com

बी.के. ऑफसेट
नवीन शाहदरा, दिल्ली-110 032
द्वारा मुद्रित

मूल्य : ₹ 250

ANGAD KA PAANV
Satire by Shrilal Shukla

ISBN : 978-81-19159-46-8

पूज्यवर पितृतुल्य
पं. चन्द्रमौलि सुकुल को समर्पित

अंगद का पाँव

क्रम

साहित्य

संस्कृत-पाठशाला में प्रसाद

पंडितपुर की संस्कृत-पाठशाला का प्रसंग है। पंडित प्रेमनाथ शास्त्री भाषा और संस्कृत के विद्वान् हैं। वे दक़ियानूस नहीं हैं। इसलिए भारवि और माघ के साथ-ही-साथ कभी-कभी प्रसाद और निराला का भी नाम ले लेते हैं। उन्हें सब छायावादी कवियों के नाम याद हैं। वे यह भी जानते हैं कि महादेवी जी संस्कृत की एम.ए. हैं, निराला ने बचपन में श्लोक लिखे थे और प्रसाद ने संस्कृत का अध्ययन घर पर किया था। पन्त के बारे में उनकी राय अच्छी नहीं है क्योंकि पन्त ने प्रभात का प्रयोग स्त्रीलिंग में किया है और 'दृग सुमन फाड़' में समास का विग्रह पैदा कर दिया है।

प्रभात बेला है। छायाएँ लम्बी होकर फैली हैं। अतः वातावरण छायावादी है। संस्कृत-पाठशाला का चबूतरा टूटकर धरती के उर पर चिन्ताभार-सा टिका है। उस पर पड़ा हुआ छप्पर देखकर लगता है कि यहाँ प्रलय की लहरें आ चुकी हैं और उस पर पालना बनकर निकल चुकी हैं। उस छप्पर में बर्र के छत्ते शीतल ज्वाला-सी जला रहे हैं। यत्र-तत्र फैली मक्खियों का समुदाय हृदय में बसी हुई सुधियों की बस्ती-सा जान पड़ता है। पाठशाला के सामने जामुन का

पेड़ टपक रहा है, जिससे कण-कण में स्पन्दन है। वहीं घने प्रेमतरु-तले एक सरोवर है जहाँ 'ले चल मुझे भुलावा देकर' वाला हालचाल दिखाई देता है। जामुन टपकते हैं, विद्यार्थी खाकर गला ख़राब करते हैं और वायु मर्मर-स्वर में तरु-पल्लवों द्वारा कहती है, 'अब भी चेत ले तू नीच'; मेढक बोलते हैं, 'करु. का. ब.,' 'करु. का. ब.,' जैसे इशारा कर रहे हों, 'करुणा कादम्बिनी बरसे!'

इसलिए इसमें आश्चर्य ही क्या कि पंडित प्रेमनाथ शास्त्री बालकों को प्रसाद का काव्य पढ़ाने लगें! प्रसंग 'गायन्ति देवा: किल गीतकानि धन्यास्तु ये भारतभूमिभागे' ने खोला। वे बोले :

"अहा! धन्य हैं भारत-भूमि-भाग के रहनेवाले! देवता तक यह गीत गाते हैं..."

शास्त्री जी का शीश छायावादी काव्य के अर्थ-सा जटिल है। मस्तक पर रक्तचन्दन की बिन्दी-ही-बिन्दी दिखाई देती है, मानो कवि के मन में किसी अपरिचित प्रीतिमयी नायिका की स्मृति हो। छायावादी शब्दावली-सी कोमल और मधुर मुख-मुद्रा है। हृत्तंत्री-जैसा टूटा हुआ चश्मे का फ्रेम है। उसे स्नेह की डोर के समान धागे से जोड़कर कान तक पहुँचाया गया है। वाणी में ऐसी विवशता है मानो विदाई में वेदना मिली है। वे अब कह रहे हैं :

"बालको, यहीं प्रसाद जी ने भारत-वन्दना में जो गीत लिखा है उसे भी सुन-समझ लो।"

"कवि कहता है :

अरुण यह मधुमय देश हमारा।
जहाँ पहुँच 'सुनसान' क्षितिज को
मिलता एक सहारा।

(पंडित जी ने 'अनजान' का पाठान्तर 'सुनसान' बनाकर कहा :)

"इसका गौण अर्थ यह है कि हमारा देश लाल-लाल है। यहाँ पहुँचकर सुनसान क्षितिज को एक सहारा मिल जाता है।

अब इसका विशेष अर्थ देखो।

"अरुण का अर्थ है लाल। कवि-समय के अनुसार जैसे मलिनता आकाश और पाप का लक्षण है, धवलता यश, हास और कीर्ति का, वैसे ही लाल रंग क्रोध और अनुराग का लक्षण है।

"'मालिन्यं व्योम्नि पापे यशसि धवलता वर्ण्यते हासकीर्त्यौ रक्तं च क्रोधरागौ...।' इससे यह सिद्ध हुआ कि अपने देश में क्रोध और राग की प्रधानता है। अर्थात् क्रमशः रौद्र और शृंगार रस का यहाँ प्राचुर्य है। अब 'मधु' का अर्थ लो। मधु माने मीठा। मधु का अर्थ मदिरा भी होता है। साथ ही उपनिषद् वाक्य है, 'चरन् वै मधु विन्दति।' यहाँ मधु का अर्थ अमृतत्व है। यदि मधु का अर्थ मधुर लें तो प्रमाणित होगा कि अपने देश में मिष्ठान्न का आधिक्य है। मिष्ठान्न का आधिक्य होने का ही परिणाम यह हुआ कि इस देश में ब्राह्मण-संस्कृति बहुत काल तक उन्नत स्थिति में रही। अथवा, मधु माने शहद; सो शहद सात्त्विक वृत्ति का द्योतक है, अर्थात् यह देश सात्त्विक गुणप्रधान है। मदिरा का अर्थ लिया जाए तो मदिरा यक्षों का पेय है। कालिदास ने 'यस्यां यक्षाः सितमणिमयान्येत्य हर्म्यस्थलानि' वाले प्रकरण में कहा है कि यक्ष मधुसेवन करते हैं। अमरकोश में कहा है :

विद्याधराप्सरो यक्षः...
भूतोऽमि देवयोनयः।

"अतः मधुलाभार्थ इस **देश** में **यक्षादि** देवयोनियाँ आकर बसीं। मधुमय बताकर कवि यह कहना **चाहता** है कि यह देश देवयोनियों का प्रिय है। पुनः देखो, मधु अर्थात् अमृतत्व। कहा जा सकता है कि अपने देश में अमृतत्व भरा है। अर्थात्, यहाँ मनुष्य अमर है। या यों कहिए कि यहाँ अमर अर्थात् देवगण मनुष्य होकर आते हैं। 'अमरा निर्जरा देवाः इत्यमरः'—इसे 'गायन्ति देवाः' के 'भवन्ति भूयः पुरुषाः सुरत्वात्' से सिद्ध किया जाए तो संगति बैठेगी। कुल मिलाकर अर्थ यह हुआ कि इस देश में सात्त्विक पुरुष रहते हैं, यक्ष रहते हैं

तथा देवता वास करते हैं। कुछ विद्वानों का अर्थ के विषय में यह मत है कि अरुण अर्थात् सूर्य मधु-भरा अर्थात् अमृततत्वपूर्ण है और वही हमारा देश है, ऐसा इस गीत का अर्थ है। इससे यही प्रमाणित होता है कि इस देश में सभी सूर्यवंशी हैं और चन्द्रवंशी किसी दूसरे देश से आए थे। सुकवि प्रसाद जी इतिहास के प्रकांड पंडित थे। इस पंक्ति में उन्होंने भारतीयों के सूर्यवंशी होने का सिद्धान्त प्रतिपादित किया है।

"अब दूसरी पंक्ति की व्याख्या करते हैं :

'जहाँ पहुँच सुनसान क्षितिज को मिलता एक सहारा।'

"क्षितिज में ही छायावाद है। क्षितिज का प्रथम अर्थ तो यह है कि जो क्षिति अर्थात् पृथ्वी से उत्पन्न हुआ हो। पृथ्वी से उत्पन्न हुआ है खनिज तत्त्व, लोहा, कोयला, मिट्टी का तेल। यह पदार्थ अन्य देशों में सुनसान पड़े रहते हैं किन्तु भारत देश में आकर इन्हें सहारा मिलता है। अतः जिस प्रकार कवि ने प्रथम पंक्ति में इस देश का इतिहास वर्णित किया है वैसे ही इस दूसरी पंक्ति में भूगोल का वृत्तान्त सुनाया है। साथ ही, क्षितिज अर्थात् पृथ्वी और आकाश के मिलने का जहाँ भ्रम हो वह रोदसी-वृत्त। तुम जब ध्यान से देखोगे तो जानोगे कि सुनसान क्षितिज को इसी देश में सहारा मिला है क्योंकि जिधर देखो उधर क्षितिज-ही-क्षितिज है। यह हमारे देश की एक भारी भौगोलिक विशेषता है। ऐसी विशेषता इतर देशों में नहीं है।

"अब आगे के चरण में अद्भुत रस का वर्णन है :

'सरस तामरस गर्भ-विभा पर
नाच रही तरु-शिखा मनोहर
छिटका जीवन हरियाली पर
मंगल कुंकुम तारा।'

"बालको! इस चरण का अवलोकन करो जिसका अर्थ साधना उतना ही कठिन है जितना 'माघ' के एकाक्षरी श्लोकों का। कहते हैं कि सरस अर्थात्

रसपूर्ण तामरस अर्थात् कमल के गर्भ की जो विभा है उस पर मन हरनेवाली तरुशिखा अब नाच रही है। हरियाली पर जीवन अर्थात् जल फैला है और उसमें कुंकुमवर्ण मंगलतारा शोभायमान है।

"इन पंक्तियों का अर्थ समझने के हेतु भाषा का साहित्य समझना चाहिए। ये पंक्तियाँ छायावाद की हैं। वाद अर्थात् सिद्धान्त। अर्थात् इन पंक्तियों के अन्तर्गत प्रतिकृति का सिद्धान्त निहित है। पहले हरिऔध जी ने 'प्रियप्रवास' में लिखा था :

'तरु-शिखा पर थी अब राजती
कमलिनी-कुल-वल्लभ की प्रभा।'

"अब छाया का सिद्धान्त लगाकर प्रसाद जी ने इस भाव को उलट दिया है। अत: पहले यदि कमलिनी-कुल के वल्लभ की प्रभा तरु-शिखा पर विराजती थी तो छाया-रूप में कमल-कुल की प्रभा अब तरुशिखा पर विराजती है और छाया का प्रयोग होने के कारण तथा जलमयी हरियाली के सम्पर्क से वह नाचती-सी दीख पड़ती है। और उसकी रक्ताभा मंगल-तारा-सी जान पड़ती है। इन पंक्तियों में पुरातन साहित्य को उलटकर जल में छायावत् करके दिखाया गया है। साथ-ही-साथ अद्‌भुत रस का भी समावेश किया गया है। आगे कहते हैं :

'लघु सुरधनु-से पंख पसारे
शीतल मलय समीर सहारे
उड़ते खग जिस ओर क्षितिज को
समझ नीड़ निज प्यारा।'

"अपने देश की वन्दना का मुख्य भाग इन्हीं पंक्तियों में है। कवि कहता है कि इस देश में ऐसे भी पक्षी हैं, जो कि उड़ते हैं। जब वे उड़ते हैं तो उनके पंख इन्द्र-धनुष-सा बनाते हुए फैलते हैं। इस देश के पक्षी पंखों से नहीं उड़ते। पंख तो केवल पसारते-भर हैं। उड़ते वे मलय-समीर के सहारे हैं। अब यह शंका उठती है कि जब मलय-समीर नहीं होता तब वे किसके

सहारे उड़ते हैं? इसका समाधान प्रथम तो यही है कि जो मलय-समीर न होने पर भी उड़ते हैं वे इस देश के पक्षी न होंगे। अथवा द्वितीय समाधान यह है कि मलय-समीर न होने पर जब वे उड़ते हैं तब वे पंख केवल पसारते नहीं उनका सहारा भी लेते हैं। प्रसाद जी को पक्षियों का और विशेषकर इसी देश के पक्षियों का विशद ज्ञान था। अतः तुम देखो कि वे कहते हैं कि इस देश के पक्षी क्षितिज को ही अपना नीड़ अर्थात् घोंसला समझकर उड़ते हैं। इस प्रसंग में मृग-तृष्णा की छाया आ गई है। जैसे पृथ्वी पर हिरन मरुभूमि में बालू को देख उसे सरिता का जल मान उसी दिशा में धावता है वैसे ही आकाश में पक्षी क्षितिज को अपना नीड़ जान उड़ते हैं और अन्त में शोक को प्राप्त होते हैं।

"इस प्रकार अब तक इस गीत में तुम्हें इस देश के इतिहास, भूगोल, जड़, चेतन सबकी दशा का ज्ञान कराया गया। जैसे वे सब यहाँ हैं, वैसे कहीं नहीं हैं। यही भारत-महिमा है। इसी से भारत लोकवन्द्य है। इसी से देवता यहाँ अवतार लेते हैं। अब आगे कहते हैं :

'हेम कुम्भ, ले उषा सबेरे...।' "

पंडित जी ने न केवल मूल के अर्थ को, बल्कि मूल पाठ को भी अपने ढंग से तोड़-मरोड़कर प्रसाद की महिमा का इतना बखान किया था। संस्कृतज्ञ होने के नाते अशुद्ध अर्थ को 'विकल्प' बताना और अशुद्ध पाठ को 'पाठान्तर' कहना उनका अपना अधिकार है। अतः उस अधिकार का पूर्ण प्रयोग करके वे प्रसाद के साहित्य की गरिमा और इस देश की महिमा 'गायन्ति देवाः' की भूमिका में समझाते रहे। पर प्रसाद की काव्यात्मा वहाँ अधिक न ठहरी। वह पंडित जी द्वारा की गई काव्य-मीमांसा का रस लेकर पछताती हुई यह कहकर अन्तर्निहित हो गई :

मैंने भ्रमवश जीवन संचित
मधुकरियों की भीख लुटाई।

साहित्योद्यानसुमनगुच्छा : एक समीक्षा

[साहित्योद्यानसुमनगुच्छा नाम की पुस्तक, कल्पना कीजिए, अपने साहित्य में समय-समय पर प्रकाशित हुई है और समय-समय पर उसकी समीक्षाएँ भी होती रही हैं। इस लेख में उन्हीं समीक्षाओं का संकलन किया गया है।]

सन् 1900

साहित्योद्यानसुमनगुच्छा जिसे आनन्दकन्द-सच्चिदानन्द-निर्द्वन्द्व चरणानुरागी कलिकलुषविरागी मुंशी दुर्गाप्रसाद कायस्थ के आत्मज मुंशी रामखेलावन मुहर्रिर डिस्ट्रिक्ट बोर्ड उन्नाव ने अति प्रयास करके भाषा में लिखा एवं जिसे श्री गोपीबल्लभकृष्णचन्द्रचरणारविन्दमकरन्दमानसमलिन्द सेठ जदुचन्द पूरनचन्द मारवाड़ी ने उदार व्यवहार द्वारा भोजराज श्री रामदास के छापाखाना मुम्बई में मुद्रित कराया।

सम्वत् 1957 वि.

सम्वत् एक सहस्त्र पुनि नवम पंच अरु **सात।**
गुच्छा हौं अरपित करौं सिकुरि, **सहमि,** सकुचात॥

आलोचना

कोई आलोचना नहीं हुई।

सन् 1915

साहित्योद्यानसुमनगुच्छा (कविता-संग्रह)। कवि का नाम—मुं. रामखेलावन।

प्रकाशक—भोजराज श्री रामदास, बम्बई।

पृष्ठ संख्या—172

काग़ज़—60×40, क्राउनपेजी; मूल्य 12 आना।

आलोचना

जब यह पुस्तक हमारे निकट आई तो हमारे मन में भाव उठा कि :

सूर सूर तुलसी ससी उडुगन केशवदास।
अबके कवि खद्योतसम जहँ-तहँ करत प्रकास॥

सो वही भगवती भारती, जिसके चरणों में व्यास-कालिदास प्रभृति कवीन्द्रों ने काव्योपहार चढ़ाए, तुलसी-सूर-केशवदास ने बहुमूल्य भंडार बढ़ाए, पद्माकर-सेनापति-दास ने जिसके झंडे फहराये, वही भगवती भारती काँजीहाउस के मुंशियों के हाथों पड़कर सींकचों में बन्द सिसक रही हैं। हिन्दी की चिन्दी उड़ रही है।

जब कवि महाराज ने कृपापूर्वक हमारे पास इसकी एक प्रति भेजी तो यह देखने का कष्ट न किया कि इसके पन्ने तक न कटे थे। अत: एक घड़ी निरन्तर चाकू द्वारा इसके पन्ने काटने पड़े तथा आलोचना का उत्साह जाता रहा।

पुस्तक की छपाई दो कौड़ी की है। मानो कोदों देकर छपाई गई है।

'साहित्य' का 'सहत' तथा 'वासी' का 'पासी' छपा है। टाइप बड़ा महीन है। पढ़ने के हेतु भगवान् सहस्त्राक्ष की उपासना करनी पड़ेगी। मूल्य बारह आना अत्यधिक है। हम पूछते हैं कि पं. रघुवरदयाल की साहित्य-निचय नामक पुस्तक इससे किस अर्थ में निम्न है जो उसका मूल्य छह आना मात्र है।

हम लेखक से प्रार्थना करेंगे कि वह पहले साहित्य-दर्पण का अध्ययन करे, पिंगल पढ़े, कवि-समय विचारे, फिर साहित्य के मन्दिर में आकर अपने गुच्छे चढ़ाने का साहस करे। बिना यह किए कवि के लिए ये विचार सार्थक हैं, यथा :

यद्यपि बहुनाधीषे तथापि पठ पुत्र व्याकरणम्।
(इसके बाद पूरे कॉलम में संस्कृत के उद्धरण हैं।)

सन् 1930

साहित्योद्यानसुमनगुच्छा

रचयिता—श्री रामलोचन 'रमेश'।

मूल्य—प्रेम-मात्र।

आलोचना

साहित्योद्यानसुमनगुच्छा रमेश जी की कविताओं का प्रथम संग्रह है। इसमें प्राय: भक्ति-पक्ष की रचनाएँ हैं। कुछ राष्ट्रीयता के भाव से भी विभूषित हैं। भक्ति-पक्ष की रचनाओं का भाव-पक्ष उठा है पर कला-पक्ष गिरा है। राष्ट्रीय कविताओं का कला-पक्ष उठा है पर भाव-पक्ष गिरा है। दोनों मिलकर कला-पक्ष तथा भाव-पक्ष को समान पर देती हैं।

कविताओं से उपमा, रूपक, उत्प्रेक्षा, अपह्नुति आदि अर्थालंकारों तथा अनुप्रास, श्लेष, यमकादि शब्दालंकारों का प्रयोग प्राचुर्य से हुआ है। यमक के लिए उदाहरणार्थ :

"मैं नहीं जगायों मोंहि मैन ही जगायो है।"

...उल्लेख्य है। राधिका कहती हैं कि हे प्यारे कृष्ण, तुमको मैंने नहीं जगाया, प्रत्युत् मुझे 'मैन' अर्थात् कामदेव ने जगाया है। 'मैन' का ऐसा उत्तम प्रयोग आज तक नहीं हुआ है। हम पंडित रामचरित उपाध्याय के विषय में तो नहीं कह सकते, पर आजकल के किसी छायावादी कवि नामधारी जन्तु में ऐसे प्रयोग दिखाने की क्षमता नहीं मिल सकती।

इस ग्रन्थ की भाषा खड़ी है पर यदा-कदा अवधी, ब्रजी आदि के भी प्रयोग मिलते हैं। मानो प्रयाग में त्रिवेणी का आनन्द है।

पुस्तक भक्तजनों के हित की है। राष्ट्रीय कविताओं के विषय में हम यह अवश्य कहेंगे कि प्रणेता राष्ट्रीय कविता लिखना नहीं जानता। उसमें मौलिकता का अभाव है। अर्थात् बहुत से भाव चोरी के हैं। नीचे हम इस ग्रन्थ के 125 उद्धरण देकर और इतर कवियों से उनका मिलान करके स्व-कथन की पुष्टि करेंगे।

[इसके नीचे 250 उद्धरण हैं।]

सन् 1945

साहित्योद्यानसुमनगुच्छा

प्रणेता—राम के. लवाणी। प्रकाशक—भोजराज-निकेत, बॉम्बे-4

आलोचना

इस पुस्तक का इतना पुरातनवादी नाम रखने का कारण भी श्री लवाणी ने भूमिका में इस प्रकार दिया है :

"रूढ़ियों की कमज़ोरी दिखाने के लिए ज़रूरी है कि उन्हीं रूढ़ियों के सम्पर्क में आकर उनका खोखलापन दिखाया जाए...।"

पुस्तक में साहित्य की रूढ़ियों का खोखलापन दिखाया गया है। पर प्रश्न यह है :

साहित्य क्यों? रूढ़ियाँ क्यों? उनका खोखलापन क्यों?

इस प्रश्न का अध्ययन करने के लिए ज़रूरी है कि हम एक और प्रश्न लें :

साहित्य की स्थापना किसलिए?

मरणोन्मुखी संस्कृतियों के इस अन्धकारमय श्मशान में इन प्रश्नों का उत्तर खोजना पड़ेगा।

जीन पाल सार्त्र ने अपनी रचनाओं में इसी श्मशान के सम्पर्क से उत्तर ढूँढ़ने की चेष्टा की है। पर उसके सिद्धान्त जीवन के सामने एक प्रश्नचिह्न बनाकर उसे जैसे-का-तैसा छोड़ देते हैं।

पर उत्तर कहाँ है?

उत्तर हमारी और तुम्हारी आत्मा की प्रतिध्वनि में हैं।

इसीलिए जब इलिया एहर्नवर्ग ने अपने-आपको सम्बोधित करते हुए कहा, "मैं कला और जीवन के कोहरे पर सर्चलाइट डालूँगा और तुम्हारा पथ प्रशस्त करूँगा...।" तब से आज तक साहित्य अपनी गति से चलता आया है।

इसी विचार से श्री लवाणी के संग्रह पर विचार किया जाए।

[इसके बाद आलोचक केपटाउन से ग्रीनलैंड तक का चक्कर लगाने चला गया और फिर लौटकर कोरिया की ओर बढ़ने लगा। श्री लवाणी अपना संग्रह लिये शून्य की ओर देखते रहे और आलोचक ने आलोचना के आगे के दस पृष्ठों में उनकी ओर मुड़कर भी नहीं देखा।]

सन् 1955

साहित्योद्यानसुमनगुच्छा नं. 1

(नई कविता)

प्रस्तुतकर्ता—रामांग लवणायुध।

नई कविता की दुकान, बम्बई।
मूल्य—8 रुपया।

आलोचना

रामांग लवणायुध के इस वर्ष के प्रयोग उक्त पुस्तक में मिलते हैं। यह संग्रह बहुत सी दृष्टियों में साहित्यिकों को आकर्षित करेगा।

इसमें 12 कविताएँ हैं। प्रत्येक कविता कवि के मानसिक चिन्तन का प्रतीक है। जो कविताएँ चिन्ता-शृंखलाओं की महत्त्वपूर्ण कड़ियाँ हैं, उनके शीर्षक हैं, 'फुस्-फुस्, फेफड़ा और निशान्त गीत', 'राधेश्याम कथावाचक के नाटक', 'श्री डाइमेन्शंस', 'अभी बहियाँ न पकड़ो' और 'तन्मे मनः शिव-संकल्पमस्तु।'

आवेश, कल्पना तथा अधिष्ठित के आयामों पर लवणायुध का कवि अपने प्रयोग करता है। उसका आवेश युद्धोत्तर कवि का आवेश है। पूर्ववर्ती कवियों के आवेग तथा उसके आवेश में अन्तर है। आवेग कल्पना को स्वतःतंत्र उपादान नहीं मानता है। इसी अमान्यता का परिणाम है कि तत्कालीन काव्य में अनुभूति के अतिरिक्त और कुछ मिलना दुस्साध्य है। लवणायुध का आवेश कल्पनेतर है। वह अपने-आपमें सम्पूर्ण है। 'राधेश्याम कथावाचक के नाटक' में यह प्रवृत्ति स्पष्टतः देखी जा सकती है :

राधेश्याम!
राधेश्याम!!
राधेश्याम!!!
गोकुल की रातें रँगीली
रास, रस, उल्लास, विलास
(बरेली की परिधि मैंने छू ली।)

कविता के क्षेत्र में नये मानों की प्रतिष्ठा करने का प्रयास उक्त पंक्तियों में देखा जा सकता है।

अधिष्ठित का प्रयोग केवल टेकनीक की दृष्टि से है, किन्तु...।

[यह लेख अधूरा है। छह महीने बाद साहित्योद्यानसुमनगुच्छा (नं. 2) प्रकाशित होने को है। उसकी आलोचना के साथ इस निबन्ध का शेष भाग भी देखा जा सकता है।]

शीर्षकों का शीर्षासन

मेरे पड़ोसी बाबू रामजीवन को पुस्तकों से बड़ा प्रेम है। उसी प्रेम के वशीभूत होकर उन्होंने एक पुस्तकालय बनवाया है। उसमें ख़रीदकर पुस्तकें रखी हैं। उन पुस्तकों को पढ़ने के लिए एक पढ़ा-लिखा आदमी रखा है जो लाइब्रेरियन कहलाता है। पुस्तकालय एक दर्शनीय स्थान है। बड़ा कमरा है। दीवारों से सटी हुई, ख़ूबसूरत अलमारियाँ हैं। उनमें पुस्तकें हैं। फ़र्श पर क़ीमती कालीन है। चारों कोनों में छोटी-छोटी गोल मेज़ों और गद्‌देदार कुर्सियों की व्यवस्था है। बीच में एक बड़ी मेज़ है। उस पर ताज़े फूलों का एक गुलदस्ता है। पुस्तकालय में प्रवेश करते ही कोई प्रेम-गीत गाने की, कॉफ़ी पीने की, ब्रिज खेलने की या सो जाने की इच्छा भी मन में प्रवेश करती है।

बा़बू रा़मजीवन प्रति मास पुस्तकें मँगाते हैं। इस बार उन्होंने सूची-पत्र के सहारे 'नागपाश', 'श्मशान और प्रेत', 'रात की रानी' और आराधना' नामक पुस्तकें मँगाई हैं।

आज मुझे देखते ही उन्होंने दुखी स्वरों में हिन्दी लेखकों की शिकायत की। बोले कि मुझे शीर्षकों ने ठगा है। कहने लगे, "मैं 'नागपाश' को उपन्यास

समझता था। वह साँपों के जीवन का एक वैज्ञानिक अध्ययन है। 'श्मशान और प्रेत' को मैं पुनर्जन्मवाद या तांत्रिक साहित्य की पुस्तक समझता था। उसमें प्रेमपरक एकांकी नाटक हैं। 'रात की रानी' उपन्यास नहीं है : यह चुड़ैलों पर लिखी गई पुनर्जन्मवाद की एक पुस्तिका है। 'आराधना' कविता-संग्रह नहीं है। यजुर्वेदीय सन्ध्योपासना पर लिखा हुआ एक ग्रन्थ है। पता नहीं, ये भ्रामक शीर्षक किस कारण अपने यहाँ पनप रहे हैं?"

मैंने समझाया, "प्रियवर, इन्हें भ्रामक बताकर तुम अपनी अल्पज्ञता प्रचारित करते हो। एक समय था जब मैं भी यही कहता था। मैंने 'शेखर : एक जीवनी' पढ़ी है। वह उपन्यास है। खेती सीखने के लिए मैंने अज्ञेय-रचित 'हरी घास पर क्षण-भर' पढ़ा। उसमें कविताएँ हैं। बागबानी सीखने के लिए लक्ष्मीनारायण लाल का 'काले फूल का पौधा' पढ़ा। वह उपन्यास है। पुनर्जन्मवाद की मीमांसा में मैंने इलाचन्द्र जोशी का 'प्रेत और छाया' पढ़ा। वह भी उपन्यास है। बच्चों के पढ़ने के लिए प्रसाद की 'तितली' और लक्ष्मीनारायण लाल का 'बया का घोंसला और साँप' मँगाई। पर उन्हें बच्चों ने नहीं, नर-नारी के सम्बन्धों के ज्ञाता बुजुर्गों ने ही पढ़ा। इसी से मुझे अब धोखा नहीं हो सकता। मैं अब समझ गया हूँ।"

वे बोले, "बन्धुवर, क्या समझ गए हो? मुझे भी समझाओ?"

मैंने कहा, "शीर्षक देने के लिए लेखक पहले आसन सँभालता था : शीर्षक उसे स्वयं सूझ जाता था। अब उसी काम के लिए उसे शीर्षासन करना होता है।"

श्वेतकेतु की-सी जिज्ञासा से वे बोले, "इसे उदाहरण देकर समझाइए।"

तब मैंने उदाहरण देकर समझाया। औरों के लाभार्थ उसी का वर्णन करता हूँ।

उर्दू काव्य में पिंगल को समझने के लिए 'फ़ायलुन मफ़ाईलुन', 'फ़ायलुन मफ़ाईलुन' आदि का सहारा लिया जाता है। जैसे : फ़ायलुन फ़ायलुन फ़ायलुन फ़ायलुन। (खिदमते हिन्द में जो कि मर जाएँगे।) या 'मफ़ाईलुन मफ़ाईलुन मफ़ाईलुन मफ़ाईलुन।' (उरूजे कामयाबी पर कभी हिन्दोस्ताँ होगा।)

उसी प्रकार शीर्षक का शीर्षासन समझने के लिए एक पंक्ति ले लीजिए :

बन्दर क्या जाने अदरक का स्वाद?

इसी के आधार पर शीर्षकों की सब तरकीबें इस प्रकार देखी जा सकती हैं :

पहली तरकीब

दो-टूक या बेलौस शैली में शीर्षक दे देना है। इसका उद्देश्य पुस्तक के विषय को बड़ी ईमानदारी से समझा देना था। खरा सौदा था। शीर्षक इस प्रकार होते थे :

1. बन्दर तथैव च अदरकजन्यस्वादोपाख्यान।
2. बन्दर के अदरखस्वाद के अज्ञान की कहानी।

इस प्रकार के ग्रन्थ हैं :

1. नासिक्रेतोपाख्यान
2. रानी केतकी की (या गोरा-बादल की) कहानी।

आगे चलकर इस शैली पर बाणभट्ट का प्रभाव-सा पड़ा। नतीजा यह हुआ कि लेखकगण शीर्षक से ही अपने संस्कृत-प्रेम का आल्हा सुनाने लगे। तभी इस प्रकार के शीर्षक देखने में आए :

1. बन्दरादरक
2. अदरकस्वाद क्या जान।

इस प्रकार के ग्रन्थ हैं :

1. बघेलवंशागमनिर्देश।
2. धाराधर-धावन।
3. शरद-समागत-स्वागत।

कभी-कभी यह भी सिद्ध कर दिया जाता था कि लेखक अनुप्रास को घसीटने का तरीका जानता है। तब शब्दों की मरोड़ यों चली :

1. बन्दर की बदरक
2. अदरक का आद।

ऐसे ग्रन्थ हैं :

1. नाव के पाँव
2. रंग में भंग
3. विकट-भट
4. प्रणवीर प्रताप

दूसरी तरकीब

कालान्तर में अनुभव हुआ कि बेलौस या दो-टूक शीर्षक प्रायः दुकान का हालचाल बरामदे से ही बता देते हैं, इसलिए शीर्षक रहे तो सच्चा और खरा, पर उसकी लम्बाई छाँट दी जाए। साथ ही पाठक यह न जान पाएँ कि पुस्तक उपन्यास है या कविता या नाटक।

फिर तो एकनामी शीर्षकों की बाढ़-सी आ गई :

1. बन्दर
2. अदरक
3. स्वाद

इस आधार के शीर्षक हैं :

1. कंकाल
2. साकेत
3. दिव्या
4. परिमल, आदि।

तीसरी तरकीब

इसका उद्‌देश्य लोगों को चौंका देना था ताकि पाठक घबराकर जल्दी से किताब ख़रीद बैठें। तभी कुछ शीर्षक बदतमीजी के सवालों पर लिखे गए :

1. क्या जाने अदरक?
2. बन्दर क्या जाने?

ऐसे ग्रन्थ हैं :

1. ?
2. दोषी कौन?
3. हम क्या करें? आदि।

चौथी तरकीब

यह तरकीब विशेष रूप से प्रगतिवाद के हल्ले में अपनाई गई। इसमें शब्दों का प्रयोग गुटबन्दी के साथ करते हैं। दो से लेकर तीन शब्दों तक के गुट बन सकते हैं। इससे व्यक्तिवाद की पराजय और समूहवाद या जनवाद की विजय सिद्ध होती है। यथा :

1. बन्दर और अदरक
2. बन्दर और अदरक-जन्य स्वाद।

इसके वज़न पर पढ़िए :

1. नाश और निर्माण
2. फूल और काँटे
3. चाँद और टूटे हुए लोग, आदि।

तीन शब्दों के गुट इस प्रकार हैं :

1. बन्दर, अदरक और स्वाद

इस आधार के ग्रन्थ हैं :

1. सागर, लहरें और मनुष्य
2. मुहब्बत, मनोविज्ञान और मूँछ-दाढ़ी।

पाँचवीं तरकीब

लोकवादी परम्परा में हम बिना अनुप्रास या किसी अन्य अलंकार के साफ़-साफ़ भाषा में शीर्षक रख देते हैं। पहली तरकीब से इसमें यही अन्तर है कि

देखने में साफ़-सुथरा, भोला-भाला, लोक-भाषाभाषी शीर्षक भी हमें आज जी खोलकर धोखा दे सकता है। यथा :

1. बन्दर का अदरकी स्वाद
2. बन्दर की अदरक और उसका स्वाद।

इसके साथ पढ़िए :

1. काले फूल का पौधा।
2. सूरज का सातवाँ घोड़ा, आदि।

[ये किताबें, जैसा नाम से स्पष्ट है, वैसी नहीं हैं। न ये शिशु-कार्यालय में बिकती हैं, न प्राइमरी स्कूलों में चलती हैं।]

छठी तरकीब

इसके सहारे लेखक विभक्तियों का प्रयोग छोड़कर दो अप्रासंगिक बातों को एक में मिला देता है और विरामों के सहारे अर्थ डालने की कोशिश करता है। डाकघरवाले इसे तार की भाषा कहते हैं, जैसे :

1. बन्दर : एक स्वाद।
2. अदरक : एक बन्दर।

पठनीय है :

1. प्रगतिवाद : एक समीक्षा।
2. शेखर : एक जीवनी।
3. कामायनी : एक अध्ययन, आदि।

सातवीं तरकीब

पूरी कहावत या किसी काव्य-उद्धरण को शीर्षक में लुटा देना :

1. बन्दर क्या जाने अदरक का स्वाद?

ऐसे ग्रन्थ हैं :

1. अन्धेर नगरी चौपट राजा।
2. सूने आँगन रस बरसै।

इन तरकीबों तथा ऐसी कई और तरकीबों के सहारे जो शीर्षक हिन्दी में आ रहे हैं उनमें कई आलंकारिक प्रवृत्तियाँ भी पनप रही हैं। उनमें मुख्य ये हैं :

1. कुछ लेखक भूत-प्रेतों से सहज सम्पर्क स्थापित करके अपने ग्रन्थों को शीर्षक मात्र से भयावह और रोमांचकारी बना देते हैं। 'पंचभूत', 'कंकाल', 'मुर्दों का देश', 'मुर्दों का टीला', 'प्रेत और छाया' आदि पुस्तकें दिन में ही हाथ में ली जा सकती हैं।
2. कुछ लेखक प्रतीकों का प्रयोग इस चतुरता से करते हैं कि उनका रहस्य समझने के लिए कभी-कभी भले पाठकों को पूरी किताब पढ़नी पड़ती है। 'गुनाहों का देवता', 'नागफनी का देश', 'अन्धा कुआँ' इसी कोटि के ग्रन्थ हैं।
3. चमकदार नाम रखकर ग्रन्थों को चमकाने का भी एक रिवाज है, क्योंकि यह सब नहीं जानते कि सब चमकदार वस्तुएँ सोना नहीं होतीं। 'स्वर्णकिरण', 'स्वर्ण धूलि', 'सप्त-किरण', 'सबेरा' कुछ ऐसे ही नाम हैं।

पर यह सब ऊँचे-ऐंठदार साहित्य में ही देखने को मिलता है। सड़कों के किनारे बिकनेवाले सच्चे जनवादी साहित्य में ये सब दोष अभी नहीं घुस पाए हैं। वहाँ आपको 'चंगुल चिड़िया' में उसी चिड़िया का वर्णन मिलेगा जो आपको चंगुल में लेकर उड़ सकती है। 'कलंकी अवतार' में कलंकी अवतार, जो कहीं हो चुका है, उसका हाल मिलेगा। 'क़िस्सा साढ़े तीन यार' में जितने यार बताए गए हैं उससे कम निकलें तो दाम वापस। 'गोपालगारी' में जातिविशेष में प्रचलित गालियों का संकलन होगा। चाहे बेला का गौना हो चाहे बारहमासा, आप जो माल ख़रीदिएगा उसमें धोखा न होगा।

यह दूसरी बात है कि पहलवान छाप या दूसरे प्रकार की नौटंकी में दो शीर्षक मिलें पर उनमें भी एक शीर्षक उच्चकोटि की प्रतीकात्मक शैली पर होगा

और एक जनभाषा में। 'साँगीत-ध्रुव उर्फ़ छलावा परी', 'साँगीत हरिश्चन्द्र उर्फ़ सच्चाई का नतीजा' जैसे शीर्षक आपको कभी भुलावे में नहीं डाल सकते। हमारे साहित्यिकों को इस स्वस्थ और सच्ची परम्परा का अनुसरण करना चाहिए। जहाँ वे कोई आलंकारिक शीर्षक दें वहीं 'उर्फ़' का प्रयोग पाठकों के लिए बड़ा हितकर सिद्ध होगा। तब ऐसे नाम आ सकते हैं :

1. चित्रलेखा उर्फ़ पाप-पुण्य का पचड़ा।
2. मैला आँचल उर्फ़ पूर्णियाँ का प्रलाप।

पाठकों को भी चाहिए कि धोखे से बचने के लिए अभिधा के साथ-ही-साथ कुछ व्यंजना और लक्षणा का बोध प्राप्त कर लें। नहीं तो, बिना समझे, बाबू रामजीवन की भाँति यदि उन्होंने कोई कहानी-संग्रह बागबानी सीखने के लिए ख़रीद लिया और बाद में वे इस संग्रह की शिकायत करते फिरे तो हो सकता है कि उत्तर में लेखक इसी 'मफ़ाइलुन' का प्रयोग करे :

बन्दर क्या जाने अदरक का स्वाद?

संगीत

सकल बन ढूँढ़ूँ : एक सांगीतक

बाबा अम्बिकानन्दनशरण ने अपनी दाढ़ी पर हाथ फेरते हुए गद्गद कंठ से कहा, "धन्य है। धन्य है प्रभु, आपने ऐसा संगीत सुनाया है कि धन्य है! धन्य है!"

इसके पहले नगर की प्रसिद्ध गायिका सुरमादेवी ने लगभग घंटे-भर तक ख़याल का गायन किया था। ख़याल के बोल थे, 'सकल बन ढूँढ़ूँ।' सुरमादेवी के गाने की विशेषता यह थी कि जो उसे सुनकर नहीं समझ पाते थे वे उनको देखकर समझ जाते थे। इसी नीति से उन्होंने ऐसी-ऐसी मुद्राएँ दिखाईं कि साफ़ जाहिर हो गया कि वे विरहिणी हैं और किसी को ढूँढ़ने के लिए जंगल-जंगल मारी-मारी फिर रही हैं। वे बार-बार आसमान की ओर देखकर कहती थीं, 'सकल बन ढूँढ़ूँ।' इससे जान पड़ता था कि संसार के सब जंगल आसमान में ही उगे हैं और उनका प्रेमी वहीं कहीं छिपा है। जब कभी वे उपेक्षा के साथ तबले और तानपूरेवाले की ओर देखतीं तो लगता मानो वे जंगल के किनारे-किनारे घूमने-फिरनेवाले सियार हैं। कभी-कभी वे श्रोताओं की ओर बड़ी ही भयपूर्ण मुद्रा बनाकर देखतीं, जिससे जान पड़ता कि वे जंगल में घूमनेवाले

भालू या शेर हैं। फर्श पर बिछे हुए कालीन पर वे इस प्रकार से हाथ-पैर पटकतीं कि लगता यह कालीन नहीं है बल्कि उसी जंगल की कँटीली घास है। इस प्रकार वन की भयंकरता दिखाकर सुरमादेवी बार-बार करुण आवाज़ में चीख़तीं, 'सकल बन ढूँढ़ूँ', "सकल बन ढूँढ़ूँ।"

सुननेवालों में बाबू राधाकान्त की परिहास-भावना बहुत ही विकसित थी। इसी कारण सभ्य समाज में वे मूर्ख समझे जाते थे और विकप्राय: उनकी ओछी तबीयत की निन्दा हुआ करती थी। उन्होंने बाबा अम्बिकानन्दनशरण से हँसकर कहा, "धन्य है। बाबाजी, धन्य है। इस पद में सुरमादेवी ने जो ब्रह्म-चर्चा की है, उसे योगी ही समझ सकते हैं।"

बाबाजी ने राधाकान्त को एक बार तिरस्कार के साथ देखकर फिर गम्भीरता के साथ कहा, "सत्य वचन हैं प्रभु, यह ब्रह्म-चर्चा ही है। सकल वन है क्या, अखिल ब्रह्मांड में व्याप्त चौरासी कोटि योनियों का प्रपंच है जो, सोई सकल बन है। परमात्मा से मिलने को परम व्याकुल है चित्त जिसका उन योनियों में भ्रमण करती हुई आत्मा ही प्रेमी-रूप है। जिससे मिलने को चित्त चलायमान है वह परमात्मा ही प्रेमिका-रूप है। उसी भाव में ओत-प्रोत है जो, सोई यह पद है। उस पदावली के गायन में आकंठ मग्न हैं जो वे सुरमादेवी ही इस ब्रह्म-चर्चा की प्रवर्तिका हैं। इस कारण से वे धन्य हैं।"

इस बार प्रोफेसर देवानन्द ने कहा, "आप अपनी जगह सत्य कहते हैं, पर सच बात यह है कि ब्रह्म-चर्चा इस प्रकार नहीं होती। यह ब्रह्म-चर्चा नहीं है। इस पंक्ति में विप्रलम्भ श्रृंगार का वर्णन है। इसी पंक्ति के गवाक्ष से भारत की प्राचीन संस्कृति झाँक रही है। हमारी सनातन संस्कृति और तपस्या का इतिहास इसी 'सकल बन ढूँढ़ूँ' में निहित है।"

इस बार सुरमादेवी ने आश्चर्य से प्रोफ़ेसर देवानन्द की ओर देखा, बोलीं, "सो कैसे प्रोफ़ेसर साहब?"

प्रोफ़ेसर साहब भारतीय इतिहास एवं संस्कृति के प्रकांड पंडित हैं। प्रकांड इसलिए कि जहाँ पंडित होता है वहाँ प्रकांड आ ही जाता है। अत: वे बोले,

"आपने सुना कि विरहिणी नायिका नायक को समस्त वनों में ढूँढ़ती हुई घूम रही है। अब प्रश्न यह है कि वह नायक को ढूँढ़ने के लिए वनों में ही क्यों गई, नगर में क्यों नहीं आई? इसका उत्तर हमारी प्राचीन आरण्यक संस्कृति में मिलता है। नायिका को यदि आज कहीं अपने नायक को ढूँढ़ने के लिए जाना पड़े तो वह कहाँ जाएगी? कॉफ़ी हाउस में, रेस्तराँ में, क्लब में, बार में। परन्तु यह हमारी संस्कृति नहीं है। हमारी संस्कृति में तो नायक पहले पचीस वर्ष तक ब्रह्मचर्यपूर्वक वनों में ही निवास करता है। फिर गृहस्थाश्रम में प्रवेश करता है। फिर वानप्रस्थी हो जाता है अर्थात् वन की ओर पुनः प्रस्थान करता है। 'सकल बन ढूँढ़ूँ', यह पद हमारा ध्यान इसी आरण्यक संस्कृति की ओर खींचता है। और धन्य है वह बाला वियोगिनी नायिका जो अपने प्रिय से मिलने के लिए वनों में भटकती है!"

कहते-कहते प्रोफ़ेसर साहब भाव-विभोर हो उठे। तालाब में मुँह डालकर पानी पीते हुए बैल की तरह कुछ रुककर और फिर एक विकट उच्छ्वास निकालकर वे फिर पहले की भाँति भावलीन हो गए।

प्रोफ़ेसर साहब की बात से कॉमरेड शंकर का घोर अपमान हुआ। अपने ज़माने के वे घोर क्रान्तिकारी रह चुके थे। अब चूँकि उनका ज़माना ख़त्म हो चुका था इसलिए वे साँस लेते थे और जीते थे और इसी आज़ादी को गनीमत मानते थे। पर जहाँ इस प्रकार की बहस हो रही हो वहाँ चुप रहने में उनका अपमान था। इसलिए उन्होंने चीख़कर कहा, "यह सब निरी बकवास है प्रोफ़ेसर साहब! ये गीत जन-जागरण के गीत हैं, इन्हें गद्दार नहीं समझ सकते। इन्हें वही समझ सकते हैं जो 'सर पर कफ़न को बाँधे क़ातिल को ढूँढ़ते हैं'। इसमें हीरोइन, जाहिर है, गाँव की भोली-भाली लड़की है। हीरो रेवल्यूशनरी है। वह अंडरग्राउंड होकर जंगल में जा छिपा है। हीरोइन अपने हीरो से, अपने फ्रेंड, फिलासफर और गाइड से मिलने के लिए जंगल में जाती है। किसलिए? जानते हैं आप? उस तहरीक में, उस मूवमेंट में, जान डालने के लिए। 'सकल बन ढूँढ़ूँ!' आपने 'पथेर दावी' नहीं पढ़ा? पढ़ लीजिएगा!"

कॉमरेड की बात सुनकर महाकवि मयूर जी अगाध आत्मविश्वास के साथ मन्द-मन्द हँसने लगे और बिना कहे ही कह ले गए कि ऐसी बात के कहने व सुननेवाले दोनों ही निर्बोध हैं। सुरमादेवी ने पूछा, "क्या हुआ मयूर जी?"

मयूर जी की आँखों में एक ऐसी चमक टिमटिमाने लगी जो कि कभी-कभी पुरानी बैटरीवाली टॉर्च में बटन दबाने पर अचानक उभर आती है।

मयूर जी बोले, "देवि, यह सब व्याकरण ही की माया है। इसीलिए सब पर ऐसा भ्रम छाया है। इस गीत में जो नायिका है वह यही कहती है कि मैं प्रिय सकल बनकर तुम्हें ढूँढ़ती। जिस रूप में तुम मिलो वही बनाऊँगी। सब कुछ बनूँगी तभी तो तुम्हें पाऊँगी।"

मयूर जी कहते गए, "कैसा है उदात्त भाव! इसे भी तो देखिए। पहले के किसी कवि का कहा परखिए। बोली नायिका 'तुम्हें सभी विधि रिझाऊँगी, सैंया, तोरी गोदी फुलगेंदा बनि जाऊँगी।' आगे कहता है कवि, 'सैंया, तुम्हें भूख जो लगेगी तो लड्डू-बालूसाही बन जाऊँगी।' अथवा, 'हे सैंया, तुम्हें प्यास जो लगेगी तो गंगा-जमुना औ सरसुती बनि जाऊँगी।' ऐसा ही किसी ने सिनेमा में भी कहा था कि 'फूल हो सजन तुम, मेरो मन भँवरा।' इस गीत में भी देवि, नायिका तैयार है नायक के अनुरूप रूप को बनाने को। प्रेम की, समर्पण की यही पराकाष्ठा है। यही है आदर्श, यही भारतीय काव्य है। सकल अर्थात् सभी बनकर ढूँढूँगी।"

इस पर श्रेष्ठ समालोचक, महाकवि मयूर के पुराने दुश्मन, डॉ. दीपधर ने कहा, "अरे मयूर साहब, आप सीधी-सी बात क्यों नहीं समझते? सब आपके हुक्म का करिश्मा है। जैसे गीदड़ की शामत आने पर वह शहर की ओर जाता है वैसे ही रीतिकाल की नायिका अपनी शामत आने पर जंगल की ओर जाती है। तभी आपने सुना होगा कि अभिसारिका काँटों को कुचलती है, साँपों को रौंदती है। वैसे, पहले आप-जैसे मयूर कभी-कभी **उसकी** चोटी को साँप समझकर खींचते थे, चकोर मुँह पर चन्द्रमा के धोखे में **चोंच** मारते थे। तोते होंठों का बिम्बाफल उड़ा ले जाना चाहते थे। पर वह जंगल में जाती ही थी।

आप जैसे कवियों का हुक्म जो था! बाद में आपके हुक्म से कुछ नायिकाएँ क्षितिज के आसपास आ गईं। कुछ को मज़दूरों की बस्तियों में जाने का हुक्म मिल गया। ये तो सब आपके हुक्म की बाँदियाँ हैं। जहाँ चाहिए, वहाँ चली जाएँगी। क्यों सुरमादेवी?"

सब सुरमादेवी के मुँह की ओर देखने लगे, तब उन्होंने धीरे से मुस्कराकर कहा, "हुकुम की क्या बात है, यह तो देश-देश के रिवाज पर चलता है। अपने देश में जंगल का ही चलन है, तो मयूर जी क्या करें? अपने यहाँ तो घर है, या जंगल है, और है ही क्या? यह तो देश-देश पर है।"

इस पर बाबा अम्बिकानन्दनशरण ने अपनी दाढ़ी पर हाथ फेरते हुए गद्गद कंठ से कहा, "धन्य है! धन्य है! अब इसी बात पर देस का आलाप हो जाए प्रभु! धन्य है! धन्य है!"

कला

पुराना पेंटर और नई क़लम

प्रोफ़ेसर पन्नालाल निशात थिएट्रिकल कम्पनी के प्रसिद्ध चित्रकार रह चुके हैं। उनके रँगे हुए पर्दों की रंगीनी देखने के लिए किसी ज़माने में लोग बम्बई से कलकत्ता जाते थे और यदि कम्पनी बम्बई में हुई तो कलकत्ता से बम्बई आते थे। पर्दों पर बनी हुई तस्वीरों के क्या कहने! कहीं काले पहाड़ बने हुए हैं, लाल सूरज निकल रहा है, हरे जंगल के ऊपर सफ़ेद भूरे बादल हैं और वहीं पहाड़ की तलहटी में नदी बह रही है, सफ़ेद घाट बना है, रंग-बिरंगी औरतें नहा रही हैं, पानी नीला है। (क्या मजाल कि उसमें भी बादलों की रंगीनी का अक्स पड़ जाए)। वहीं मटमैली सड़क बनी हुई है जिस पर दो जेंटिलमैन, यानी कोट, पतलून, लम्बी मूँछ, छड़ीधारी दो जवान आदमी टहल रहे हैं, क्योंकि, जैसा बताया गया है, सवेरे का सुहावना समय है, या जैसा आप समझ ही सकते हैं, पास ही औरतें नहा रही हैं।

पर अब उन पर्दों का ज़माना गया। उन नाटकों की जगह सिनेमा ने ले ली और उन नाटक-कम्पनियों के स्थान पर स्कूल-कॉलेजों की टीमें आ गईं जो गरीबी के मारे पर्दों का काम अभिनय के सहारे चलाती हैं। इसलिए प्रोफ़ेसर

साहब अब रिटायर होकर अपने घर पर बैठकर तस्वीरें बनाने लगे हैं जिनमें दरिया का किनारा, ताड़ के पेड़, लकड़ी के पुल, पूनों का चाँद या उगता हुआ सूरज—ये चीज़ें बहुतायत से पाई जाती हैं। ये तस्वीरें आठ आने से आठ रुपये तक बिकती हैं और चूँकि प्रोफ़ेसर साहब के हाथों में हुनर है इसलिए उन्हें पेट पालने के लिए किसी का मोहताज नहीं होना पड़ता है। हमारे नगर में ये चित्र बहुत जनप्रिय हो चले हैं और तम्बोलियों की दुकानों तक पर लम्बे-लम्बे ढाँचों में मढ़े हुए पाए जा सकते हैं।

अत: स्वाभाविक है कि इतने सीनियर और जनप्रिय कलाकार होने के कारण प्रोफ़ेसर पन्नालाल कला के समीक्षक भी हो जाएँ। इसीलिए जब कभी वे मेरे पास आ जाते हैं तो आधुनिक चित्रकारों की थोड़ी-बहुत आलोचना भी सुना जाते हैं और अपनी अवस्था की ओर संकेत करके कह जाते हैं कि गुन ना हिरान्यो बल्कि गुन गाहक ही हिरान्यो है।

कल आते ही उन्होंने मुझसे पूछा, "अजी, यह जामिनीराय कौन है? इम्पीरियल कम्पनी में एक राय राय करके आर्टिस्ट रहा करता था, वही तो नहीं है?"

मैंने आदर से कहा, "नहीं, ऐसा नहीं हो सकता। जामिनीराय तो बंगाली हैं।"

वे बोले, "तो बंगाली तो वह भी था। हो सकता है कि उसी राय के यह भी कोई हों।"

मुझे जामिनीराय का इम्पीरियल कम्पनी के आर्टिस्ट से कोई सम्बन्ध रखना अच्छा न लगा। अत: मैंने बिलकुल निषेधात्मक मुद्रा में सर हिलाकर कहा, "नहीं, जामिनीराय उसके कोई नहीं हैं।"

प्रोफ़ेसर पन्नालाल मेरे निकट आकर बैठ गए और बोले, "अरे भाई, दिल्ली गया था। तस्वीरों की नुमायश जब देखी तो चारों तरफ़ जामिनीराय ही जामिनीराय नज़र आए। पर तस्वीरें ऐसी थीं कि हम तो नज़र नीची करके भाग निकले। हम तो, साहब, ठहरे आर्टिस्ट आदमी, भद्दी तस्वीरें एक बार निगाह में चढ़ गईं तो हाथ से वही उतरकर काग़ज़ पर आएँगी।"

मैंने आश्चर्य से पूछा, "इतनी भद्दी थीं?"

मेरी आवाज़ कुछ और चढ़ी, "भद्दी? भाई साहब, भद्दी या भली तो तब कहें जब वे असल तस्वीरें हों।"

मैंने उनकी बात काटकर शास्त्रार्थवाले लहजे में कहा, "प्रोफ़ेसर साहब, इम्पीरियलवाले की बात छोड़िए। मुझसे तो इन जामिनीराय की बात कीजिए। आपको इनकी चित्रकला में कौन-सी कमी मालूम पड़ी?"

वे बोले, "लो भाई, मैं कमी क्यों बताने लगा? सब अपने हाथ के हुनर पर जीते हैं। पर जामिनीराय जब तस्वीर बनाएँ तब तो कमी का जिक्र हो। वे तस्वीरें हैं कहाँ? गाँव की औरतें जैसे दरवाज़े पर हाथी, घोड़े या सिपाही बना देती हैं, वैसे ही बेढंगे नक्शे-से बने थे। अब उन्हीं को तस्वीरें कहिए तो मेरी तस्वीरों को क्या कहिएगा?"

मैंने समझाते हुए कहा, "प्रोफ़ेसर साहब, जामिनीराय ने सचमुच लोकजीवन से प्रेरणा पाई है और...।"

पर अब तक वे आगे निकल चुके थे। कहते रहे, "अरे साहब, यह लोकजीवन भी कोई आर्टिस्ट है। वही महाबली कम्पनीवाले हरजीवन का भाई होगा। हरजीवन को ही क्या आता था?"

ऐसी बात सुनकर स्वाभाविक था कि मैं चुप हो जाता। अतः विजय के सन्तोष में पराजित को अपनी सदाशयता से प्रभावित करनेवाली, नर्म आवाज़ में वे बोले, "देखिए, बहस हरजीवन या लोकजीवन पर नहीं, जामिनीराय पर है। उनकी एक तस्वीर याद है 'काला घोड़ा'। अब क्या बताऊँ उसके एक ही आँख थी और वह भी आँवले-सी गोल-गोल, मुगदरनुमा गावदुम पाँव थे, जोधपुरी साफ़े की कलँगी-सी दुम थी और गधे के से कान थे। ज़ीन की जगह पीठ पर दरी बिछी हुई थी और रकाब की जगह एक तरफ़ घंटी-सी लटक रही थी। अब लीजिए साहब, न रकाब, न ज़ीन, न लगाम और काला घोड़ा सवारी के लिए हाजिर है।"

मैंने अपना दिमाग़ी पैंतरा बदलते हुए कहा, "और साहब, आपने ये सब याद भी ख़ूब कर रखा है, नहीं तो किसे ख़याल रहता है काले घोड़े की घंटी का?"

वे प्रोत्साहित हो गए और सरपट बोलने लगे, "यही नहीं, मैंने तो जामिनीराय की और भी तस्वीरें देख लीं। कहीं चन्द लड़कियों के चेहरे बने थे और कह दिया गया कि पाँच बहनें हैं; सबके एक-से चेहरे, न जाने किस कमबख़्त की लड़कियाँ थीं। अब अपने मुँह से क्या कहा जाए! हमने भी तीन औरतों की आदमकद तस्वीरें बनाई थीं। एक पर्दे की बात कर रहा हूँ। पर्दा सामने आते ही एक-तिहाई हाज़रीन बेहोश हो जाते थे, एक-तिहाई सर धुनते और आहें भरते थे और एक-तिहाई ग़ज़लें पढ़ने लगते थे। यहाँ इन बहनों का यह हाल था कि देख लीजिए तो सारी दुनिया में बस बहनें-ही-बहनें नज़र आने लगेंगी। भई, मैं तो बाज़ आया ऐसे जामिनीराय से।"

मैंने विरोध न करते हुए, पर जामिनीराय को बचाते हुए कहा, "और तस्वीरों के क्या हाल थे? कलकत्ते से तो और भी चित्र आए होंगे।"

"अब और की न पूछिए," प्रोफ़ेसर पन्नालाल नाक सिकोड़कर बोले, "वक़्त की बात है। चलती का नाम गाड़ी है। जब मढ़ते बनती है तो बजती भी ठनाके से है।" कुछ देर शान्त रहकर वे फिर अकस्मात् कहने लगे, "कोई अवनीन्द्रनाथ ठाकुर थे। उनके साथ नन्दलाल, शारदा वक़ील, हाल्दार, मजूमदार न जाने कितने लोगों की तस्वीरें एक तरह दीवाल घेरे थीं। वहाँ भी वही हालत! हमने तस्वीरें देखीं और नज़र नीची कर ली।"

मैंने पूछा, "उनमें भी कोई ख़राबी थी?"

कहने लगे, "जब सारा जहान उन तस्वीरों को लासानी मानता है तो मैं कैसे ख़राब बता सकता हूँ? पर बालिश्त-भर के चेहरे में डेढ़ बालिश्त लम्बी आँखें और हाथ-भर के हाथ में डेढ़ हाथ लम्बी उँगलियाँ, माफ़ कीजिएगा भाई जान, ऐसे इनसान इधर के इलाक़े में तो होते नहीं हैं।" आधे मिनट तक उन्होंने सारगर्भित शान्ति-सी दिखाई और फिर बगटुट छूट चले, "और तस्वीरों के नाम में वह फरेब है कि किसे क्या कहें? नन्दलाल साहब की एक तस्वीर है 'वसन्त'। अब पूछिए मुझसे कि वसन्त किसे कहते हैं। वसन्त उसे कहते हैं जिसमें पेड़-पौधे फूलों से लद जाएँ, हवा अठखेलियाँ करती हुई बहे, कोयल

बोले, भौंरे गुनगुनाएँ और बिरहिनें बाग़ों में घूम-घूमकर कामदेव को कोसें। तो, यह तो हुआ वसन्त, और पूछिए नन्दलाल साहब से कि उन्हें भी कुछ ख़बर है वसन्त की। इसी तस्वीर में कुल तीन अदद पेड़ नज़र आते हैं। वीराना-सा है। पेड़ों पर पत्तियाँ लगी हैं या फूल, कहना आसान नहीं और दो आदमी आगे-आगे भाग से रहे हैं और दो आदमी हाथ में चिराग़ लिये पीछा कर रहे हैं। इन पीछा करनेवालों में ग़ालिबन एक औरत भी है और वह बच्चा लिये है। यानी वसन्त में बच्चा भी शामिल हो गया। अब लीजिए साहब हो गया वसन्त। इसी में हवा की अठखेलियाँ भी हैं, इसी में कोयल भी है और बिरहन का कोई ज़िक्र नहीं!"

प्रोफ़ेसर पन्नालाल हँसने लगे। उनकी ऐसी निश्छल और द्वेषहीन हँसी सुनकर मैंने पूछा, "तो कलकत्ता स्कूल आपको पसन्द नहीं आया। बम्बईवालों की भी तस्वीरें आपने देखी होंगी।"

सुनते ही वे तड़प उठे। बोले, "उनका नाम न लीजिए साहब, मैं भी बम्बई में रहा हूँ और जहाँ अपनी तस्वीरों का वह दौर रहा वहीं के लोग आज यह दिन दिखाएँ। बस कुछ नहीं कह सकता। कहीं तीन काली-कलूटी औरतें बैठी हैं। कोई चावड़ा साहब हैं, उनकी तस्वीर है। एक औरत ओखली में कुछ कूट-सी रही है। बस जनाब हो गई तस्वीर। चन्द मछलियाँ पड़ी हैं और एक पानी का बर्तन रखा है, सब कुछ धुँधला है। भाई साहब, यह भी एक तस्वीर है। अब यही सब रह गया है।"

मैंने कहा, "एक 'प्रोग्रेसिव ग्रुप' भी है।"

वे कुछ देर भौंहों पर बल डाले सोचते रहे। फिर बोले, "कह तो दिया जनाब कि कहीं सिर्फ़ तिकोने बनाइए, कहीं चौकोर नक्शे खींचिए, कहीं खर-पतवार उगाकर बीच में एक आँख बना दीजिए, कहीं सर बनाइए तो पैर न बनाइए या पैर बनाइए तो सिर्फ़ पैर-ही-पैर बनाइए, इसी सबसे आपका मतलब है न? तो इसी भोलेपन की बदौलत आपके आर्टिस्ट विलायत का मुक़ाबला करने चले हैं?"

विलायत की बात सुनकर मैंने कहा, "तो आप कहते क्या हैं? अमृत शेरगिल ने तो फ्रांस में अपनी तस्वीरों से वहाँवालों का मुक़ाबला किया ही था।"

प्रोफ़ेसर पन्नालाल ने कहा, "मगर कहाँ साहब? मैंने उनकी भी तस्वीरें देखी हैं। जामिनीराय के मुक़ाबले में उनकी तीन बहनें देखिए तो मालूम होता है कि ये बहनें सचमुच ही कुछ हैं। पर बारीकी से देखिए तो पता चलना मुश्किल है कि कौन बड़ी है और कौन छोटी, कौन शादीशुदा है, कौन शादी करेगी। अब बताइए यह सब कोई कहने के लिए विलायत से तो आवेगा नहीं।" वे कहते गए, "तस्वीर तो बोलती हुई होनी चाहिए। पर आजकल तो लफ्फाजी पर तस्वीरें चलती हैं। मैंने देखा कि एक कमरे में मेज़ पर चाय के चन्द प्याले टेढ़े-मेढ़े पड़े हैं। अब जनाब, एक साहब मुझे पढ़ाने लगे कि इसमें इनसान नहीं दिखाया गया, पर लगता है कि कमरे से अभी-अभी चाय पीकर लोग बाहर गए हैं। मैंने कहा, भाई जान, इसका क्या सबूत? मुझे तो लगता है कि नौकर बेसलीके से प्याले रख गया है और लोग उन्हीं में चाय पीने को आ रहे हैं। यह तो अपना-अपना ख़याल है।"

मैंने कहा, "तो सबूत होता भी तो क्या होता?"

वे बोले, "क्यों, फर्श पर जाते हुए पैरों के निशान क्यों नहीं दिए। भई, अक्ल की ज़रूरत तो सभी जगह पड़ती है!"

इतनी देर बाद मुझे लगा कि मेरे धैर्य की आख़िरी बूँद भी सूख रही है। अतः मैंने कहा, "प्रोफ़ेसर साहब! असल बात यह है कि आजकल की चित्रकला के बारे में आप कुछ नहीं जानते। इसकी सुन्दरता समझने के लिए आँख ही नहीं, दिमाग़ भी चाहिए।"

पर वे शायद इसके लिए भी तैयार थे। इसलिए वे फिर मुस्करा दिए और बिना कहे ही कह ले गए कि मेरी पीढ़ी के लड़कों से वे इसी तमीज की उम्मीद करते हैं। कहने लगे, "बस, बस, यही बात हम लोगों ने कभी नहीं कही। हम यहीं कच्चे पड़ते हैं। तुम लोगों का तो यह हाल है कि गाना बहुत घुमाकर गाओगे। न पसन्द आया, तो कह दोगे कि गानेवाला पक्का गवैया है और सुननेवाला गावदी है। बाद में अगर तुम अंग्रेज़ी ट्यून पर कोई सड़ियल तराना छेड़ बैठे और हमने नाक सिकोड़ी तो कह दोगे, पुराना जाहिल है,

कुछ नहीं जानता। वही हाल आर्टिस्ट का है। तस्वीर सरासर आँख के सामने है, देखता हूँ तो देखने में अच्छी नहीं लगती, न कोई देवी है, न देवता है, न आदमी है, न औरत है, न नेचर का करिश्मा है, न इनसान की हिकमत है। टेढ़ी-मेढ़ी बेढंगी बातें हैं। मैं देखकर कहता हूँ कि यह तस्वीर दो कौड़ी की है और आप कह देते हैं कि मैं नासमझ हूँ। यानी सरासर तस्वीर देख रहा हूँ और आप कहते हैं कि मैं देखता नहीं हूँ।"

प्रोफ़ेसर पन्नालाल शायद दूसरे की गवाही मान जाएँ इस आशा से मैंने कहा, "और इन तस्वीरों पर जो इतना इनाम दिया जाता है...?"

वे बोले, "इनाम क्या? इनाम तो सरकार पक्के गाने पर भी देती है और फ़िल्मी गानों पर भी। पुराने ढंग की किताबों पर देती है और नये क़िस्म की पापुलर किताबों पर भी देती है। हर आर्ट की यही हालत है। सिर्फ़ तस्वीरों के मामले में घपला है। मैं तो यह कहने जा रहा हूँ कि जहाँ आप पाँच टेढ़ी-मेढ़ी आँखों के गोल दायरों पर इनाम देते हैं, वहीं मेरे राम-पंचायतन पर भी रहम खा लें। वे गोल दायरे तो आपके गोल कमरे में ही हैं, पर राम-पंचायतन तो जनता के घर-घर में है। ज़रा यह भी तो देखिए।"

वे कुछ देर उत्तेजित से बैठे रहे। फिर सहसा हँसकर जैसे कोई भूला हुआ फार्मूला-सा याद करते हुए बोले, "भाई जान, अब तो जनता-राज है और हम जनता के आर्टिस्ट हैं। आप हमारी समझ पर हँसकर ख़ुद कौन-सी समझ दिखा रहे हैं?"

इस बार जिस अन्दाज़ से उन्होंने झुककर छाती पर हाथ रखा और अकड़कर मूँछों से हँसी की फुलझड़ी बिखेरी, उससे मुझे इत्मीनान हो गया कि प्रोफ़ेसर पन्नालाल की आर्टिस्टी निशात थिएटर कम्पनी के पर्दों के ऊपर तक ही नहीं, कभी-कभी पर्दे के आगे स्टेज पर भी खिसक आती रही होगी। मैंने अपनी नासमझी मान ली और उनसे माफ़ी माँगी। उन्होंने मुझे माफ़ कर दिया और मेरी वंश-परम्परागत विनम्रता की प्रशंसा की।

प्रभात-समीरण उर्फ़ सुबह की हवाएँ

[एक ऐसी प्रेम-कथा, जो कई फ़िल्मों के आधार पर बनी है और जिसके आधार पर कई फ़िल्में बनी हैं। उसमें दो फ़िल्मों का परिचय इस प्रकार दिया जा सकता है :]

"एक महान् देश के महान् अतीत की महान् सांस्कृतिक विभूतियों को चित्रित करता हुआ एक महान् चित्र।"

अथवा

"दो दिलों की कहानी, जिन्हें बेदर्द दुनिया मिलने नहीं देती, पर मुहब्बत भी वह शै है जो आग पानी में लगाती है—इसके बाद रुपहले पर्दे पर देखिए।"

अहा! इस लोक में प्रणय की भी कैसी महिमा है! न तात, न माता, न भ्राता, न भ्रातृज—कोई सत्य नहीं है। प्रणय-तत्त्व ही चरम सत्य है। इसी के आधार पर मानव रोदसी-रमण करता है, आकाश-आस्फालन करता है, महीधरों का मर्दन करता है। विच्छुरितवसन बनता है। भवन-भस्मीकर की उपाधि पाता है। प्रणय परम पवित्र है।

प्रभात-समीरण उर्फ़ सुबह की हवाएँ

(दुनिया में मुहब्बत भी क्या चीज़ है? न बाप, न माँ, न भाई, न भतीजा— कोई सच्चा नहीं है। सच्ची अगर कुछ है, तो मुहब्बत है। इसी के सहारे इनसान हवा से लड़ता है, आसमान से भिड़ता है, पहाड़ों से टकराता है। अपना गरेबाँ फाड़ सकता है, अपना घर उजाड़ सकता है। मुहब्बत बहुत ही नेकपाक है।)

अतः इसमें विस्मय ही क्या कि कुमार उदयन का प्रेम कुमारी पुष्पिता से हो गया। उदयन एक महासामन्त के कुमार थे। वे गन्धर्वलोक से प्रशिक्षित होकर विमान द्वारा आकाश मार्ग से जम्बूद्वीप स्थित भरतखंड में आए। पुनः भूमियान द्वारा अपने पुर के निकट पहुँचे। अनुपलब्ध प्रवृत्ति के कारण वहाँ उनका गैहिक स्वर्णशकट नहीं पहुँच सका। अतः कुमारी पुष्पिता द्वारा परिचालित रथ पर बैठ वे अपने प्रासाद पहुँचे। पुष्पिता महासामन्त के एक ऐसे सामन्त की कन्या थी जिन्हें कूट-प्रपंच के दोषों पर निष्कासन मिला था। तथापि, समागतवय की प्रेरणा : नयनाभिमुख होते ही उनमें रागोदय हुआ। दोनों कुछ काल व्रीडावनत रहे। फिर स्मितमुख होकर रथोद्भूत स्वर-लहरी के आश्रय पर साथ-साथ सांगीतक की अवतारणा करने लगे।

(इसीलिए इसमें अचम्भा ही क्या कि उठल्लू बाबू फूला से मोहब्बत कर बैठे। उठल्लू बाबू बड़े ज़मींदार के लड़के थे। विलायत में तालीम पाकर, हवाई जहाज़ से एशिया के अन्दर वे हिन्दुस्तान आए, फिर रेल पर चढ़कर अपने गाँव के स्टेशन पहुँचे। ख़बर मिलने में गड़बड़ी हो जाने के कारण उन्हें घर की सवारी न मिल सकी। तब वे एक ऐसी बैलगाड़ी पर बैठकर घर गए जिसे फूला हाँक रही थी। वह ज़मींदार के एक ऐसे पुराने नौकर की लड़की थी जिसे फरेब के जुर्म में निकाल दिया गया था। पर उमर का तकाजा; निगाह मिलते ही उनमें मुहब्बत हो गई। दोनों कुछ देर शर्माए, फिर मुस्कराए, फिर बैलों के खुरों की आवाज़ में दोनों एक साथ एक गाना छेड़ बैठे।)

तदनन्तर उनके पारस्परिक प्रणय के प्रकाश से समस्त जगत् चमत्कृत हो गया। उस जनपद के निकट बहनेवाली धाराओं पर दारुनिष्क्रामक बने थे। वहाँ दोनों ने वर्षा की कादम्बिनी को देख 'सन्तप्तानां त्वमसि शरणम्',

का मधुर गान किया। सरिताकूल पर लतान्तराल में विद्यमान एक तरणी थी। उस पर दोनों ने नौकाविहार किया। परस्पर वे धार में प्रविष्ट हुए। परस्पर ही जलप्लावित हुए। एक भग्न अट्टालिका थी। उसकी प्राचीरछाया में वे बैठे। उसके धूसर अलिन्द में अश्रुपातरत हुए। उसके एक निभृत प्रकोष्ठ में जाकर हँसे। उनका प्रणय जगत्विख्यात हुआ।

(इसके बाद दोनों की मुहब्बत ने वह रंग पकड़ा कि ज़माना दंग रह गया। गाँव के पास नालों पर लकड़ी के पुल बने थे। वहाँ खड़े-खड़े उन्होंने बरसात के बादलों को देखा और 'ओ बादल, तुही दिलजलों का सहारा' गाया। नदी के किनारे झाड़ियों में एक नाव बँधी रहती थी, उस पर चढ़कर दोनों नदी में घूमे। वे साथ-साथ पानी में कूदे और साथ-साथ भीगे। एक टूटी-फूटी गढ़ी थी, वे उसकी शहतीर की छाँव में जाकर बैठे। उसके मटियाले बरामदों में जाकर रोये। उसके एक कोने में हँसे। उनकी मोहब्बत जग-उजागर हो गई।)

अतः उनके माता-पिता को यह प्रणय-दशा पूर्णतः विदित हो गई। वे घोर असन्तुष्ट हुए। उभय-पक्ष में अन्तःपुरीय कलह का सूत्रपात हुआ। पुष्पिता का एक पुरुष से पाणिग्रहण संयोजित था। उसका नाम क्षेत्रपति संवर्धन था। यहाँ तक कि इस प्रणय-कथा का ज्ञान उसे भी हो गया।

(उनकी यह हालत उनके माँ-बाप से छिपी न रही। वे बहुत नाराज़ हुए। दोनों ओर घरों में अन्दरूनी झगड़े-फसाद फैलने लगे। फूला की मँगनी एक किसान से हो गई थी। उनका नाम बाढ़ू था। यहाँ तक कि उसे भी यह किस्सा मालूम हो गया।)

एक दिन कुमारी पुष्पिता का मार्ग-रोध करके क्षेत्रपति, संवर्धन ने कुछ अभद्र शब्द कहे तथा कुमार उदयन की हत्या का भय दिखाया। वे आकृति और प्रकृति, दोनों से विकर्षक थे, उनका शिरोभाग खल्वाट था, शरीर पृथुल था। वे ईषत्तुन्दिल थे। उनके परिचरों में जनपद के क्रूरतम दस्युओं एवं लम्पटों का प्राचुर्य था। क्षेत्रपति संवर्धन ने उन्हें कुमार उदयन के वधार्थ प्रेरित किया।

(एक दिन बाढ़ू किसान ने फूला को रास्ते में रोक उससे कुछ बदतमीज़ी की बातें कीं और उठल्लू बाबू का ख़ून करा देने की धमकी दी। बाढ़ू की शकल और आदत, दोनों से नफ़रत होती थी। उसका सर गंजा था, जिस्म थुलथुल था। पेट कुछ निकला था। उसके हमराहियों में वहाँ के सभी खूँख्वार डकैत व गुंडे भरे थे। उन्हीं को बाढ़ू ने उठल्लू बाबू को मारने के लिए भेजा।)

एक दिन दस्युओं ने विजन-वन में कुमार के रथ की वल्गा पकड़ ली और उन पर आक्रमण किया। तुरन्त साधु, कुमार, साधु! किसी को उन्होंने पाद-प्रहार से पीड़ित किया, किसी को कर-प्रहार से कर्तित किया, किसी को मुष्टि-प्रहार से मर्दित किया। इस प्रकार समस्त दस्युओं का दमन करके, स्वयं म्रियमाण अवस्था में उन्होंने प्रासाद के अन्तःपुर में प्रवेश किया। उनकी रक्त-रंजित सज्जा देख कंचुकी काँपे, विदूषक विषण्ण हुए, परिचारिकाएँ पर्याकुल हुईं, उपचारक अवसन्न हुए।

(नतीजा यह हुआ कि एक दिन सुनसान बियाबान में उठल्लू बाबू की गाड़ी रोककर डकैतों ने उन पर हमला किया, पर शाबाश, मेरे पट्ठे! किसी को उसने पैर से पटका, किसी को हाथ से काटा, किसी को मुक्के से मारा। यों डकैतों को दबाकर, वे अपने मकान पर आए और अन्दर घुसे। वे ख़ुद चोट खा चुके थे और मरने की हालत में थे। यह देख कार-परदाज़ काँपे, भँड़ैत भड़भड़ाए, नौकरानियाँ घबराईं, डॉक्टरों के दिल बैठ गए।)

महार्हरत्नजटित पर्यंक पर तिरस्करिणी द्वारा अदृश्यमान कुमार श्वेत-पटच्छादित सज्जा में म्रियमाण पड़े थे। कुमारी पुष्पिता लोकाचार का निराकरण करके उनके दर्शनार्थ आईं। देखते ही उन्होंने चीत्कार किया, और चीत्कार करती हुई, बाणविद्ध मृगी-सी पलायित हुईं। वे शिवालय में पहुँचीं और वाष्पावरुद्ध कंठ से उच्च स्वर में गायन करने लगीं, "चन्द्रशेखर, चन्द्रशेखर, पाहि माम्।"

(उठल्लू बाबू क़ीमती पलँग पर लेटे थे। चारों ओर पड़े पर्दों ने उन्हें ढक दिया था। जिस्म पर सफ़ेद पट्टियाँ बँधी थीं। फूला दुनिया का लिहाज

छोड़ उन्हें देखने पहुँची। देखते ही उसके मुँह से चीख़ निकली। चीख़ती हुई, वह गोली खाई हिरनी जैसी वहाँ से भागी और शिवाले में आकर रुँधे गले से चिल्ला-चिल्लाकर गाने लगी, "मेरी नैया प्रभूजी बचाना।")

गायन के उपरत होते ही, प्रवर्धमान दीपशिखा के इंगित से कुमारी पुष्पिता को उदयन के चेतना-लाभ का ज्ञान हुआ। अब वे मत्त-मयूरी-सी लास-लालित पद-क्षेपण करती, संगीत-निरत भाव में प्रत्यावर्तित हुईं, किन्तु हन्त दैव! संवर्धन ने पुनः मार्ग-रोध करके उन्हें अपने सैन्धव अश्व पर बैठा लिया एवं निमेष मात्र में सघन कानन के अन्धकार में विलीन हो गया।

(गाना ख़त्म होते ही शिवाले के चिराग़ की लौ ऊँची उठी। बस फिर क्या था! फूला ने समझ लिया कि उठल्लू बाबू को होश आ गया है। अब वह मस्त मोरनी-सी फुदकती, नाचती, गाती वापस लौटी, पर हाय री क़िस्मत! बाढ़ू रास्ता रोके था। उसने फूला को अपने सिन्धी घोड़े पर बिठाया और पलक मारते जंगल के अँधेरे में गायब हो गया।)

दिग्दिगन्त में इसकी प्रचारणा हुई। कुमार उदयन चेतना पाकर प्रहृष्ट मुद्रा में लेटे थे। सूचना पाते ही वे खंगपाणि होकर अपने यावनीय अश्व पर आरूढ़ हुए और उसी ओर गमनोद्यत हुए जिधर संवर्धन गया था। इस दशा में पुत्र को जाता देख, पूर्व अमर्ष का त्याग कर, उदयन के पिता महासामन्त निष्कर्मण्य भी शास्त्रसज्जित हो उन्हीं की ओर प्रधावित हुए।

(चारों ओर इसकी ख़बर फैली। होश में आकर उठल्लू बाबू ख़ुशी से लेटे थे, ख़बर पाते ही हाथ में तलवार लेकर वे अपने अरबी घोड़े पर सवार हुए और तेज़ी से उसी ओर बढ़े जिधर बाढ़ू गया था। यों बरख़ुरदार को जाता देख, उठल्लू बाबू के बाप जमींदार निठल्लू बाबू ने गुस्से को थूक दिया। वे भी हथियार से लैस होकर उन्हीं के पीछे रवाना हुए।)

चार योजन तक वे अश्वों को अपरिकल्प्यत्वरा से धावित करते रहे। तदनन्तर पर्वत-श्रेणी पर एक विराट गह्वर के आ जाने से मार्ग में व्यतिकर समुपस्थित हो गया। क्षेत्रपति संवर्धन को रुकना पड़ा। द्रुतगति से पृथ्वी पर

उतरकर कुमार संवर्धन से वह खड्गयुद्ध करने लगा। कुमारी पुष्पिता संत्रस्त नेत्रों से इस घटना को देखती रहीं।

(सोलह कोस तक तीनों होश गुम कर देनेवाली रफ़्तार से घोड़े भगाते रहे। इसके बाद पहाड़ी पर एक भारी खुड्ड आ गया और बाढ़ू का रास्ता रुक गया। वह घोड़े से कूदकर ज़मीन पर आ गया और उठल्लू बाबू के साथ तलवार चलाने लगा। फूला सहमी निगाहों से यह सब देखती रही।)

प्रथमतः कुमार उदयन संवर्धन को प्रताड़ित करते-करते गह्वर तक ले गए, पुनः संवर्धन ने उदयन को वही स्थान दिखाया। गह्वर पर एक रज्जु प्रलम्बित थी। उससे निलम्बित होकर दोनों ने युद्ध किया। पुनः गह्वर की कोटि पर आकर उन्होंने वैसा ही युद्ध किया। तत्पश्चात् उदयन ने संवर्धन के शरीर पर आरोहण करके करवाल कला दिखाई, पुनः संवर्धन ने उदयन पर आरोहण करके अपनी कला दिखाई। कुमार उदयन क्रमशः संज्ञा-शून्य हो ही चले थे कि महासामन्त निष्कर्मण्य ने पीछे से आकर संवर्धन को रणाह्वान किया। संवर्धन ने बिना उत्तर दिए एक परिघास्त्र निष्कर्मण्य पर प्रक्षिप्त किया।

(पहले उठल्लू बाबू ने बाढ़ू को मारते-ढकेलते खुड्ड तक पहुँचाया, फिर बाढ़ू ने उनको वहाँ तक ढकेला। एक रस्सी भी खुड्ड पर टँगी थी, दोनों उससे लटककर तलवार चलाते रहे। फिर दोनों खुड्ड के किनारे आकर लड़ते रहे। फिर उठल्लू बाबू ने बाढ़ू पर तलवार चलाई। फिर बाढ़ू ने उठल्लू बाबू पर तलवार चलाई। उठल्लू बाबू बेहोश होने लगे कि पीछे से जमींदार निठल्लू बाबू ने आकर बाढ़ू को ललकारा। बाढ़ू ने बिना कुछ कहे एक कटार फेंककर निठल्लू बाबू पर मारी।)

किन्तु दैवी विधान, कि एक श्वेत जटाधारी मानव ने महासामन्त के सम्मुख आकर वह परिघास्त्र अपने वक्ष पर झेला और वहीं संज्ञाशून्य होकर भू-लुंठित हो गया। महासामन्त विलाप करते हुए बोले, "अहह, सामन्त विचक्षण, तुम्हारा यह अन्त!" विचक्षण बोले, "स्वामिन्, स्वामिन्, स्वामी के प्राण-रक्षण में

मेरा प्राण-भक्षण हो यह परम सौभाग्य है।" विचक्षण का प्राणान्त हो गया। महासामन्त और भी रोने लगे; कुमारी पुष्पिता भी कुररी-सदृश आक्रोश करने लगीं। सामन्त विचक्षण ही कुमारी पुष्पिता के पिता थे।

(पर क़िस्मत की क्या कहिए, एक सफ़ेद बालोंवाले इनसान ने ज़मींदार निठल्लू के आगे आकर उस कटार को अपनी छाती पर रोक लिया और बेहोश होकर वहीं ज़मीन पर लोट गया। निठल्लू बाबू रोते हुए बोले, "हाय, बुझावन भाई, तुम यों गए!" बुझावन बोले, "मालिक, मालिक की जान बचाने में अपनी जान जाए, इससे बढ़कर और क्या हो सकता है।" बुझावन मर गया। निठल्लू बाबू और भी रोने लगे। फूला भी चील की तरह चीख़कर रोने लगी। बुझावन ही फूला के बाप थे।)

इस स्थिति में संवर्धन ने एक और परिघास्त्र प्रक्षिप्त किया जिसके आघात से महासामन्त निष्कर्मण्य प्रणवोच्चार करते हुए परम गति को प्राप्त हुए। संवर्धन की इस अनवधानता से लाभ उठाकर कुमार उदयन ने भी खड्ग का एक ऐसा प्रहार किया कि संवर्धन का एक घोर चीत्कार के साथ प्राणान्त हो गया और वह गह्वर की गहनता में विलीन हो गया।

(इस दुःख की घड़ी में बाढ़ू ने एक और कटार फेंकी जो निठल्लू बाबू की छाती में जा लगी और जिससे उनके मुख से निकला, 'राम, हे राम' और वे वहीं ढेर हो गए। बाढ़ू का ध्यान अपनी ओर न होने से मौक़ा पाकर उठल्लू बाबू ने उस पर तलवार का वह वार किया कि वह भी वहीं चीख़ मारकर मर गया और खुड्ड की गहराइयों में गुम हो गया।)

अब सर्वत्र आनन्द व्याप्त हो गया। पाटल राग रवि अम्बरतल से अवलम्बित हो रहा था। तरु शिखरों पर रक्तांगराग छाया था। कमल मुकुलित था तो कोककुल प्रफुल्लित होनेवाला था। खगकुल कुलकुलायमान। ताराकुल तमतमायमान था। ऐसे काल में दो प्रेमी पितृहीन होकर, शत्रुहीन होकर, अर्थात् निष्कंटक अवस्था में अश्वों पर चढ़े वही गान गाते हुए लौट रहे थे जो उन्होंने कुछ काल पूर्व अपनी रथ-यात्रा में गाया था। ओम् शान्तिः।

(अब चारों ओर बहार छा गई। लाल-लाल सूरज आसमान में लटक आया। पेड़ों की फुनगियों पर रंगीनियाँ बिखर गईं। कमल मुरझाने लगा तो कोकाबेली फूलने लगी। चिड़ियाँ चहकीं, तारे चमके और अपने बापों को गँवाकर, अपने दुश्मनों को मिटाकर, यानी सब मुसीबतें सुलझाकर, मस्ती के साथ, घोड़ों पर चढ़े हुए, दो इश्क़परस्त वही गाना गाते हुए वापस लौटे जो कुछ दिन हुए उन्होंने बैलगाड़ी पर बैठकर गाया था। दि एंड।)

टिप्पणी...आज के चलन के अनुसार इस कहानी के फ़िल्मों का शीर्षक 'प्रभात समीरण' उर्फ़ 'सुबह की हवाएँ' इसीलिए रखा गया है कि इसमें सुबह की हवाओं का कोई ज़िक्र नहीं है।

साक्षात पशु

शेर का शिकार

शिकार का शौक़ मुझे बचपन से था। पर यह मुझे मालूम न था। यह बाद में विल्सन के बताने पर जान पाया। तब मैं नैनीताल में था। वहीं एक दिन अकस्मात् विल्सन से मुलाक़ात हो गई। वह जंगल विभाग का एक सम्मानित अधिकारी था। फिर तो हम दोनों की घनी मित्रता हो गई, क्योंकि मैं भी जंगल विभाग का एक सम्मानित अधिकारी था। एक दिन मुझे पता लगा कि विल्सन को शिकार का शौक़ है। उस दिन उसे भी पता लगा कि मुझे भी शिकार का शौक़ है। यह सब बड़ी आसानी से हो गया।

विल्सन को मैं प्राय: साफ़-सुथरे कपड़े व क़ीमती सूट पहने देखता था। वह भड़कीली अमरीकन टाइयाँ लगाता था, जिनमें प्राकृतिक दृश्यों से लेकर फ़िल्मी तारिकाओं तक की तस्वीरें बनी रहती हैं। एक दिन मैंने देखा कि वह एक गन्दा ख़ाकी कोट पहने है। एक पुरानी ब्रीचेज़ को निर्दयता से चमड़े की पेटी के सहारे पेट पर बाँधे हुए है। मोटे और चौड़े जूते पैरों में हैं। चेहरे पर चार-पाँच दिन की बढ़ी दाढ़ी है। सर पर एक पुरानी हैट है जिसे फीते के सहारे ठुड्डी पर बाँध लिया गया है। टाँगें फैलाकर चल रहा है। आँखें लाल

हैं। मुँह से सस्ती शराब की बदबू आ रही है। कन्धे पर राइफल लाठी की तरह रखे हुए है।

उसे इस रूप में देखकर मैं उत्साह से उछल पड़ा। बोला, "अरे, तुम तो पुराने शिकारी निकले। कहाँ से आ रहे हो?"

उसने कहा, "शिकारी! तुम यह भी नहीं जानते? मैंने अब तक पचासों टाइगर बैग किए होंगे? अभी-अभी तो मैं जंगल में आ रहा हूँ। और फिर जंगल को जा रहा हूँ। साथ क्यों नहीं चलते?"

उसी दिन शाम को लगभग चार बजे, हम अपनी-अपनी राइफलें लेकर जंगल में पहुँच गए। वह मेरा जाना-पहचाना जंगल था। हम लोग शेर मारने के लिए वहाँ घूम रहे थे। उस जंगल से चूँकि शेर न था इसलिए वहाँ घूमने में विशेष सुविधा थी।

इतने में एक झाड़ी बड़े ज़ोर से हिली और तेज़ी से छलाँग लगाता हुआ एक भयानक जानवर उससे बाहर निकला। घबराहट में विल्सन ने राइफल का कुन्दा उसकी ओर तान दिया; पर उसने एक और छलाँग लगाई और दूसरी ओर जंगल में जाकर अदृश्य हो गया।

मुझे राइफल के कुन्दे की ओर देखते हुए देखकर उसने फिर कहा, "कभी-कभी नली के बजाय कुन्दा दिखाने से शेर पर इसका मनोवैज्ञानिक प्रभाव पड़ता है। वह कुन्दे को एक बहुत मोटी नली मानकर घबरा जाता है। इसीलिए मैंने उसे कुन्दा दिखाया था।"

मैंने उसकी बात नहीं काटी, तो उसने स्वयं रुककर कुछ देर बाद कहा, "हो न हो, था वह शेर का बच्चा ही।"

तब मैंने विश्वास के साथ कहा, "नहीं विल्सन, यह शेर का बच्चा नहीं है। यह रैबिट है। मैंने लगभग पचास रैबिट बैग किए होंगे। पहला रैबिट मैंने विन्ध्या रेंजेज़ में मारा था। तब मैं पन्द्रह साल का था।"

विल्सन ने कुछ याद-सा करते हुए कहा, "रैबिट? जिसे चौगड़ा या खरगोश कहते हैं? यह जानवर तो पूरे उत्तरी भारत में पाया जाता है।"

मैंने बताया, "जैसे भालू की कई क़िस्में होती हैं; काला भालू, सफ़ेद भालू, वैसे ही रैबिट भी काला होता है, सफ़ेद होता है, यहाँ तक कि भूरा भी होता है।"

सहसा उसने मेरे कन्धे पर हाथ मारकर कहा, "तो यह कहो पार्टनर, तुम तो पुराने शिकारी हो, पन्द्रह साल की उम्र से शिकार कर रहे हो।"

उस दिन मैंने अपने अतीत पर विचार किया तो ज्ञात हुआ कि लोग जैसे जन्म से मूर्ख होते हैं, जन्म से कवि होते हैं, वैसे ही मैं जन्म से शिकारी हूँ।

दूसरे दिन हम लोग दूसरे जंगल में शिकार खेलने गए क्योंकि पहले दिन जिस जंगल में शेर नहीं मिल पाया वहाँ दूसरे दिन भी उसके न होने का निश्चय न था।

प्यारे पाठको, इस कहानी को समझने के लिए पहले आपको इस जंगल का भूगोल समझा दूँ। इसके उत्तर और पश्चिम में पठारनुमा पहाड़ियाँ हैं, जिनकी ऊँचाई समुद्र-तट से सात सौ फीट है। दक्षिण के बाएँ भाग से उत्तर के दाहिने भाग तक यानी पूर्व की ओर लगभग सात सौ फीट ऊँची दूसरी पहाड़ियाँ हैं और उत्तर के बाएँ भाग से दक्षिण की ओर यानी पश्चिम में लगभग सात सौ फीट ऊँची कुछ और पहाड़ियाँ हैं। बीच के भाग में भी पहाड़ियाँ हैं जो सात सौ फीट ऊँची हैं और जो उत्तर, दक्षिण, पूरब, पच्छिम की पहाड़ियों की ओर बराबर ऊँचाई से फैली हैं। इन पहाड़ियों में कोई घाटी नहीं है और सब मिलाकर इस स्थान को एक भयानक जंगल का रूप दे देती हैं। इसमें आम, जामुन से लेकर बाँस, बबूल तक के पेड़ हैं और बीच-बीच में झरबेरी, करौंदे और मकोय की भयंकर किन्तु छोटी झाड़ियाँ हैं। इनकी ऊँचाई इतनी कम है कि शेर इनमें बैठ नहीं सकता, वह लेट ही सकता है। उसका पता लगाने के लिए शिकारी को हर झाड़ी के आगे लेटना पड़ता है। कभी-कभी शेर व शिकारी एक-दूसरे को लेटे-लेटे देख लेते हैं पर स्थान की तंगी के कारण एक-दूसरे तक पहुँच नहीं पाते।

आप कह सकते हैं कि यह जंगल न था बल्कि आम और जामुन का मामूली-सा बाग़ था। पर बाग़ और जंगल में बड़ा अन्तर है। बाग़ वह है जो किसी योजना के अन्तर्गत लगाया जाता है। चूँकि यहाँ पर जितने पेड़ थे वे

बिना किसी योजना के उगे थे या उगाए गए थे। इसलिए आप चाहे जो कुछ कहें मैं तो इसे जंगल ही समझता था, समझता हूँ और समझता रहूँगा।

आज के दिन हम दोनों ने रबर के तल्लेवाले जूते पहन लिये थे। चलने में बिना कोई आवाज़ किए हम दोनों आगे बढ़ते गए। हमने पूरा जंगल छान डाला पर शेर का पता नहीं लगा। बात यह हुई कि रबर के तल्ले होने के कारण हमारे जूतों से आवाज़ नहीं हुई, इसी से शेर झाड़ियों में सोते ही रह गए। हमें जंगल के दूसरे किनारे पर अपनी भूल का अनुभव हुआ। इसीलिए हम लोग उस दिन वापस लौट आए और दूसरे दिन चमड़े के तल्लेवाले जूते पहनने का निश्चय किया ताकि शेर उनकी आवाज़ से जागकर सामने आ सकें।

तीसरे दिन एक स्थानीय शिकारी ने बताया कि एक गाय मरी हुई पाई गई है। उसे शेर ने मारा है और वह उस पर उसी दिन शाम को बैठनेवाला है।

उस दिन जब हम चले तो हमारा दिल ज़ोर-ज़ोर से धड़क रहा था क्योंकि हमारे मन में उत्साह तरंगें ले रहा था। विल्सन का चेहरा पीला पड़ गया था क्योंकि उसने सारी रात मारे उत्सुकता के बिना सोये ही बिताई थी। मुझे पसीना आ रहा था। जी नहीं, डर के मारे नहीं, बल्कि इसलिए कि आनन्द के कारण नसों पर तनाव पड़ने से रक्तचाप बढ़ गया था। हमारे हाथ काँप रहे थे क्योंकि हममें उल्लास था और हमारे पैर लड़खड़ा रहे थे, क्योंकि हम जल्दी चलने की कोशिश में थे।

हम लोग आज दूसरे रास्ते से गए ताकि देर से पहुँचें। अर्थात् तब तक पहुँचें जब शेर 'किल' पर आ गया हो। यहाँ यह बता देना आवश्यक है कि मैं शिकारियों की इस थ्योरी से बिलकुल सहमत नहीं हूँ कि पहले से जाकर 'किल' पर शेर की प्रतीक्षा की जाए। बात यह है कि शेर और शायर कभी भी टाइम के पाबन्द नहीं हो सकते। यदि आप पूर्व निश्चित समय के अनुसार 'किल' पर पहुँच भी गए और शेर न पहुँचा तो व्यर्थ की निराशा होगी। इसलिए यह आवश्यक है कि आप अपना समय नष्ट न करें और शेर को पहले 'किल' पर पहुँचने दें। मैं अपने अनुभव से कहता हूँ...

ख़ैर, यह तो कहानी के बाहर की बात है। उस दिन यही हुआ कि हम दूसरे रास्ते से 'किल' तक पहुँचने के लिए चले। रास्ते का नक्शा मेरे हाथ में था जिसमें लाल निशानों से उन जगहों को दिखाया गया था जहाँ शेर ने गायें मारी थीं और नीले निशान से आदमियों के मारे जाने का स्थान दिखाया गया था। वैसे नक्शे में लाल और नीली स्याही के निशान लगाने का अवसर अब तक न आया था। नक्शा न लाल था, न नीला। बल्कि यह सफ़ेद था और लाल और नीले निशान चिह्न समझानेवाली टिप्पणी ही में दिखाई पड़ते थे।

इस नक्शे में जंगल के बीच से काली लकीर द्वारा सीमेंट की सड़क और दोहरी काली लकीर में रेलवे लाइन भी दिखाई गई थी। सड़क के किनारे पार्क का चिह्न भी था। हालाँकि हमें इस नक्शे का ख़ास भरोसा न था क्योंकि पहले जब-जब हम इसके सहारे आगे चले तब-तब हम घूम-फिरकर शहर ही में आ गए थे। फिर भी चूँकि हम शिकारी थे इसलिए नक्शा हमारे पास था और हम उसके सहारे चल रहे थे।

चलते-चलते, जंगल में पहुँचने के पहले, हमको एक दलदल पार करना पड़ता था। उस पर काई जमी थी। वहाँ हमें पैरों के चार छोटे-छोटे निशान दिखाई पड़े। यद्यपि स्थानीय शिकारी बताता रहा कि वे बकरी के पैरों के निशान हैं, पर विल्सन ने ज़िद की कि वे शेर के पैरों के निशान हैं। उसने फीता निकालकर उनकी लम्बाई नापी और शेर के बारे में सब कुछ जान लिया। हिसाब लगाकर उसने बताया कि शेर नर है, मादा नहीं; उसकी उम्र पन्द्रह साल है, उसके अगले बाएँ पैर के घुटने में चोट है, दायाँ पैर लँगड़ाता है। उसकी लम्बाई दस फीट साढ़े ग्यारह इंच है, उसका रंग भूरा है, उसका रूप भयानक है, उसका गुण घातक है, आदि आदि...।

इतने में कुछ अबाबीलें चहकीं। विल्सन ने बताया कि पाँच मिनट पहले शेर वहाँ से निकलकर गया है, क्योंकि अबाबीलें शेर के जाने के पाँच मिनट बाद ही बोलती हैं।

हम और आगे बढ़े ही थे कि विल्सन अकस्मात् मुँह के बल ज़मीन पर लेट गया और कनखियों से पास की झाड़ी की ओर देखने लगा। मैंने समझ लिया कि झाड़ी में कोई जानवर मुँह के बल लेटा हुआ है।

अबाबीलें अब भी मेरे सर पर मँडरा रही थीं। मैंने एक अबाबील को पकड़कर अपनी जेब में रख लिया ताकि उसके बोलने पर मैं समझ सकूँ कि शेर हमसे पाँच मिनट पहले निकल चुका है।

अब गाय के मरने की जगह लगभग सौ गज रह गई थी। मैं सावधानी से आसपास देखता हुआ बढ़ रहा था कि एक झाड़ी बड़े ज़ोर से हिली और जब तक मैं अपनी राइफल सँभालू-सँभालूँ तब तक शेर मेरे सामने आकर खड़ा हो गया।

प्यारे पाठको, इस दशा का विचार करो। मेरे चारों ओर कोई सहायक न था और सामने शेर मुँह फाड़े खड़ा था। मैंने फिर भी हिम्मत न हारी। सेफ्टीकैच को रिलीज़ करके मैंने राइफल की नली शेर के आगे कर दी और उसका घोड़ा दबा दिया। पर घोड़ा दबा ही नहीं। शायद कारतूस मैगज़ीन में फँस गया था।

शेर पहले चाहे डरा भी हो पर राइफल के बेकार होते ही उसके चेहरे पर ख़ुशी की लहर दौड़ गई। उसने मुझ पर हमला किया। राइफल मेरे हाथ से छूटकर दूर जा गिरी।

शेर ने मुझे एक पंजे से गिराना चाहा, पर मैं गिरा नहीं। इसलिए हममें कुश्ती होने लगी। शेर शेर था। पर मैं भी मैं था। पर मैं कब तक मैं रह सकता था? सच तो यह है कि थोड़ी देर में मैं थक गया। तब तक शेर ने मुझे नीचे गिरा दिया। नीचे गिराकर उसने मुझे मार डाला। मार चुकने पर वह मुझे खा गया।

यह बात अतिशयोक्ति में कही गई जान पड़ती है और अतिशयोक्ति है भी। सच बात तो यह है कि शेर ने मुझे मारा नहीं, न खाया ही। बल्कि जैसे ही वह मुझे मारने चला, मैंने उसका पाँव पकड़ लिया और चीख़कर कहा, "बाघ मामा, मुझे न मारो।"

शेर ने गरजकर कहा, "तू जब मेरा भानजा बन गया तो मैं सचमुच ही तुझे नहीं मार सकता। पर बोल, तू ज़िन्दा क्यों रहना चाहता है?"

मैंने कहा, "बाघ मामा, तुम्हारा यह फैला हुआ मुँह भला किस शिकारी को देखने को मिलता है? सब शिकारी तुमसे मिलने की डींग ही हाँकते हैं। पर मैंने तो सचमुच तुमसे कुश्ती लड़ी है। तुम्हारा फैला हुआ मुँह देखा है। तुम मुझे नहीं जानते। मैं साहित्य का सेवक हूँ। साहित्य-सेवा की बात मरते दम तक न भूलूँगा। अपने यहाँ शिकार की कहानियों की कमी है। मैं ज़िन्दा रहकर इस घटना पर एक कहानी लिखना चाहता हूँ। उसके बाद, हे बाघ मामा, मैं यहाँ आकर फिर ऐसे ही लेट जाऊँगा।"

यह सुनकर शेर ने कहा, "मैं शेर हूँ तो तू दिलेर है। जा, जाकर कहानियाँ लिख।"

जब पाँच मिनट बाद अबाबील मेरी जेब में चहकी तब मैंने आँखें खोलीं। मैं ज़मीन पर विल्सन से चार गज आगे पड़ा हुआ था। बहुत कल्पना करने पर ही शेर से भिड़न्त की बात याद आ सकी।

प्यारे पाठको, कहा जा सकता है कि इसमें भी अतिशयोक्ति है, पर अन्त में कुछ भी अतिशयोक्ति न हो तो क्या शिकार की कहानी किसी को अच्छी लगेगी?

आधा तीतर

एक दिन विल्सन ने मेरे घर आकर कहा, "झील में चिड़ियाँ गिर रही हैं। उनका शिकार करने चल रहा हूँ। तुम भी चलो। जो मज़ा शेर के शिकार में आया था, उससे ज़्यादा चिड़ियों के शिकार में मिलेगा।"

मैंने बन्दूक़ कन्धे पर डाली, कारतूसें जेब में डालीं, सर हैट में डाला या यों कहिए, हैट सर पर डाली, जूते पाँव में डाले और बिना किसी बहस के विल्सन के साथ हो लिया।

विल्सन ने मुझे थोड़ी देर विश्वासरहित निगाहों से देखा। फिर कहा, "बन्दूक़? तुम बन्दूक़ क्यों लिये चल रहे हो? मैं तो तुम्हें साथ के ही लिए ले चल रहा था। क्या तुम भी चिड़ियाँ मारोगे?"

मैंने कहा, "हाँ विल्सन, मैं भी चिड़ियाँ मारता हूँ।"

उसने मुझ पर फिर सन्देह-भरी दृष्टि डालकर पूछा, "पर तुम उन्हें खाते तो नहीं? तुम तो वेजिटेरियन हो।"

मैंने ऊँची समझ दिखानेवाली एक मुस्कराहट उस पर फेंकी और कहा, "विल्सन, उससे क्या होता है। मारना एक बात है, खाना दूसरी। जैसे तमाचा मारता कोई और है, खानेवाला कोई और होता है।"

विल्सन हो-हो करके हँस पड़ा। तभी सामने ताड़ के पेड़ पर किसी बड़ी चिड़िया ने पंख फटकारे। उसे देख विल्सन ने कहा, "तो ये पहाड़ों से नीचे आ गए?"

मैंने प्रश्नभरी निगाह विल्सन पर डाली। वह समझाने लगा, "कुछ चिड़ियाँ ऐसी होती हैं जो रहती तो पहाड़ों पर हैं पर जाड़ा शुरू होने के पहले मैदानों में आ जाती हैं। यह चिड़िया उन्हीं में से है।"

उसकी बात आगे बढ़ाते हुए मैंने कहा, "और इसका नाम गिद्ध है। यह एक मांसाहारी—नानवेजिटेरियन चिड़िया है। इसकी ख़ूबी यह है कि यह जानवर खा तो सकती है पर मार नहीं सकती, कुछ-कुछ तुम्हारी तरह...।"

विल्सन ने आश्चर्य से मेरी ओर देखा और कहने लगा, "तो पार्टनर, ये कहो। चिड़ियों की सभी बातें तुम जानते हो। चलो, आज तुम्हारा भी करिश्मा देख लिया जाए।"

मैं विल्सन की बात से प्रोत्साहित हो गया। यहाँ मैं आपको बता दूँ कि कोई ज़रा-सा इशारा भी कर दे कि मैं शिकारी हूँ तो मैं तत्काल प्रोत्साहित हो जाता हूँ। मैंने उसी वक़्त बन्दूक़ में एक कारतूस डाला और ताड़ की ओर बिना कोई ख़ास निशाना लगाए फायर कर दिया। दो-एक चिड़ियाँ उड़ गईं। मैंने बन्दूक़ खोली, कारतूस बाहर निकाला, नली के अन्दर फूँककर उसका धुआँ दूर किया, फिर विल्सन से कहा, "देख लिया करिश्मा? चिड़ियाँ उड़ गईं। यह तो तब की हालत है जब मैंने सिर्फ़ फायर-भर किया है, निशाना नहीं साधा। निशाना भी साध दिया होता तो एकाध चिड़ियाँ ज़मीन पर आ जातीं।"

सवेरा था। सूरज अभी-अभी निकला था। कातिक का महीना। हल्के तौर से हवा बह रही थी। हम लोग चिड़ियों के शिकार पर निकले थे, इसलिए उमंग के मारे हमारा दिल लोटन कबूतर हुआ जा रहा था। तबीयत में हज़ारों गौरैयाँ फुदक रही थीं। दिमाग़ में बुलबुलें चहक रही थीं। मुझे गाने की सूझी। इसलिए समय को देखते हुए, चिड़ियों से सम्बन्ध रखनेवाला मैंने यह गाना गुनगुनाना शुरू किया :

"कदर उल्लू की उल्लू जानता है, हाँ।
हुमा को कब चुग़द पहचानता है, हाँ॥"

इस उत्कृष्ट कविता के साथ अपने फ़ौजी कंठ का संगीत जोड़ते-जोड़ते मैं सचमुच ही उत्साह से इतना फूल गया कि मुझे लगने लगा, मैं एक चिड़िया बन गया हूँ। मेरे पाँव तेज़ी से चलने लगे। कई बार उड़ते-उड़ते बचा।

पर विल्सन ने उसी समय मेरे पर कतर दिए। यानी मुझे रोक लिया। खुद भी वह चुपचाप खड़ा हो गया और कान पर हाथ रखकर दूर एक झाड़ी से आती हुई आवाज़ को सुनने लगा। कोई 'किट लौं' 'किट लौं' बोल रहा था। उसने धीरे से पूछा, "यह क्या है?"

अब आपको बता दूँ कि मैं आवाज़ सुनते ही जान सकता हूँ कि यह आदमी बोल रहा है, या कोई चिड़िया बोल रही है, या चौपाया बोल रहा है। आप इसे चाहे जितना कठिन समझें पर शिकार की दुनिया में रहते-रहते ध्यान देने पर आदमी यह तो जान ही जाता है। अत: मैंने विल्सन से कहा, "पार्टनर, घबराने की बात नहीं। न तो यह तेंदुआ है, न भेड़िया ही है। यह एक चिड़िया है।"

विल्सन ने फिर धीरे से पूछा, "कौन-सी चिड़िया?"

मैंने कहा, "ब्लैक पैर्ट्रिज। काला तीतर। चाहे जाकर देख लो।"

मैंने यह बात इतने उल्लास से कही कि मेरी आवाज़ कुछ ऊपर खिंच आई। यानी मैं इतने ज़ोर से बोला कि मेरी आवाज़ उस झाड़ी तक पहुँच गई और काला तीतर बोलते-बोलते चुप हो गया।

विल्सन कहने लगा, "काला तीतर! काला तीतर! यह तो बड़ी लज्जतदार चिड़िया होती है। बुन्देलखंड या किसी भी ऊबड़-खाबड़ इलाक़े में पाई जाती है। जुते हुए खेतों में या छोटी-मोटी झाड़ियों के इर्द-गिर्द बैठती है। पैरों से चलती है और पंखों से उड़ती है...।"

मैंने कहा, "तुमने ख़ूब याद किया है। यह भी याद कर लो कि यह 'किट लौं', 'किट लौं' करती है। अब जाओ, झाड़ी के पास जाकर इसे ही मारने की कोशिश करो। झील का प्रोग्राम छोड़ दो।"

विल्सन धीरे-धीरे झाड़ी की ओर बढ़ा। चलते-चलते उसने पूछा, "और तुम?"

मैंने समझाया, "देखो विल्सन, मेरी आवाज़-भर सुनकर चिड़िया इतना डर गई है कि उसने बोलना बन्द कर दिया है। अब अगर मैं उस पर फायर भी कर दूँ तो वह ज़रूर मर जाएगी। मैं शिकार में इतनी बुजदिली नहीं पसन्द करता। झाड़ी के पास तुम्हीं जाकर देखो, शायद तुम उसका शिकार कर सको। आज चिड़ियों का शिकार झील में न होगा। आज हम तीतर मारेंगे।"

विल्सन मेरी बात समझ गया, और झाड़ी की ओर चल पड़ा। झाड़ी तक जाने में उसने 'स्टॉकिंग' वाली तरकीब दिखाई। अर्थात् वह धीरे-धीरे चला। कभी पंजों के बल, कभी घुटनों पर चला, कभी दोनों हाथों और पैरों पर चला, कभी जूते उतारकर चला और कभी जूते पहने हुए चला। कभी जुते हुए खेत में उकड़ूँ होकर बैठा। कभी खेत की मेड़ पर छाती के बल लेटकर घिसटते हुए चला। इस दौरान में उसकी निगाह एक झाड़ी से दूसरी झाड़ी की ओर जाकर चारों ओर तैरती-सी रही। इस तरह सौ गज का फ़ासला उसने आधे घंटे में तय कर डाला। उसके घुटने छिल गए। मुँह पर पसीना झलक आया, सामने कमीज़ और ब्रीचेज़ मटमैली हो गई। हमने किताबों में पढ़ा था कि चलकर यानी 'स्टॉक' करके शिकार करने में इनसान ख़ुद शिकार हो जाता है। विल्सन ने इतनी मेहनत करके साबित कर दिया कि किताब की यह बात बिलकुल सही है।

झाड़ी के सामने, बन्दूक़ को दोनों हाथों मज़बूती से पकड़े हुए, शरीर के ऊपरी भाग को नीचे की ओर झुकाकर समकोण-सा बनाते हुए विल्सन धीरे-धीरे इधर-उधर टहलता रहा। तभी उस झाड़ी से फिर आवाज़ आई, 'किट लौं, किट लौं।' साथ ही आसपास की कई और झाड़ियों से उसके जवाब में तीतरों ने कहा, 'किट लौं', 'किट लौं।'

देखते-देखते पूरब की झाड़ीवाले तीतरों और पच्छिम की झाड़ी के तीतरों में बाक़ायदे अन्त्याक्षरी-सी छिड़ गई। मैं साहित्यिक आदमी हूँ। इसलिए मेरी

तबीयत फड़क उठी। क्या रियाज था! होता यह था कि एक तीतर के मुँह से 'किट लौं', 'किट लौं' की सम के ऊपर कविता ख़तम नहीं हुई कि दूसरे ने तड़ से जवाबी जड़ दी।

पर इसी बीच में विल्सन ने ज़ोर से फायर किया। वैसे तो जब बन्दूक़ से फायर होता है तो ज़ोर की आवाज़ निकलती ही है पर इस तीतर के शिकार के लिए मुझे लगा कि फायर कुछ ज़्यादा ज़ोर से हो गया। चिड़ियाँ बेतहाशा उड़कर भाग चलीं। कुछ तीतर मेरी ओर भी उड़कर भागे। विल्सन ने वहीं से पुकारकर कहा, "भागने न पाए। बन्दूक़ चलाओ।"

मैंने अचकचाकर चिड़ियों की ओर बन्दूक़ तान दी। जाहिर है कि चिड़ियों पर बन्दूक़ का असर तभी होगा जब उसके अन्दर कारतूस भी हो। इसलिए मेरा बन्दूक़ दिखाना एक तरह से बेकार साबित हुआ। साथ ही उसी समय मुझे अपना एक सिद्धान्त भी याद आ गया। इसलिए तीतर उड़कर दूसरी झाड़ियों में छिप गए। सौदा बराबर का रहा। न कुछ मेरा नुकसान हुआ, न तीतरों का ही नुकसान हुआ।

विल्सन ने मुझे डाँटा कि मैंने बन्दूक़ क्यों नहीं चलाई, तब मैंने उसे अपना सिद्धान्त समझाते हुए कहा, "सुनो विल्सन, मैं सिद्धान्तप्रिय आदमी हूँ। क्या शिकार और क्या अख़बार, जहाँ-जहाँ मेरे करिश्मे दीख पड़ते हैं, वे सब किसी-न-किसी सिद्धान्त के अन्तर्गत होते हैं। मैं उड़ते हुए या भागते हुए जानवर पर वार नहीं करता।"

अब मैंने जब इस पैमाने की बात शुरू की तो विल्सन की आँखों में एक अजीब सी बेवक़ूफ़ी छलछला आई। मैं समझ गया कि उसे कुछ और समझाना पड़ेगा। इसलिए मैं कहता गया, "मैं इसे बुजदिली समझता हूँ। शिकार बहादुरी का काम है। जो चिड़िया ख़ुद उड़कर भाग रही हो उसे मारने के लिए फायर करने की क्या ज़रूरत है। और जब वह ख़ुद ही उड़ चली तो उसकी जान लेने से क्या फ़ायदा। मैं बराबरी का शिकार करता हूँ।"

विल्सन ने पूछा, "बराबरी के शिकार का क्या मतलब?"

अब मेरी आवाज़ में बहादुरी की खनक आ गई। मैं अकड़कर कहने लगा, "बराबरी का शिकार उसे कहते हैं कि इस तरफ़ मैं दम साधकर चुपचाप, बन्दूक़ लेकर बैठ जाऊँ और थोड़ी दूर पर उस तरफ़ चिड़िया या जानवर, जो कोई भी शिकार के लिए आया हो, उसी तरह चुपचाप दम साधकर बैठ जाए। मैं उसे देखूँ और वह मुझे देखे। तब असली शिकार होता है। और भागते हुए जानवरों पर गोली चलाने में शिकार की तौहीन होती है। यह मत समझना कि मुझे भागते हुए जानवर पर अपने निशाने का भरोसा नहीं है। मैं शिकार की तौहीन नहीं कर सकता। बस यही बात है। समझ गए, पार्टनर। मैं तो असली शिकार करता हूँ।"

पर विल्सन मेरी बात का आख़िरी अंश नहीं सुन पाया। उसे सचमुच ही पास की एक झाड़ी में एक चिड़िया पत्तों की आड़ में छिपी-सी दीख पड़ गई थी। इसलिए वह ज़मीन पर बैठ गया। इत्मीनान से उसने उस चिड़िया पर निशाना लगाया। बहुत देर रुककर, हाथ साधकर, उसने बन्दूक़ दाग दी। यह असली शिकार था। चिड़िया मर गई।

हम लोगों ने झाड़ी को घेर लिया और मरी हुई चिड़िया का पता लगाने लगे। पर पता लगने में देर न लगी। चिड़िया मर गई थी और इधर-उधर इस तरह से फैल गई थी कि पता लगाना कठिन था कि कितनी चिड़ियाँ एक साथ मर गई हैं। विल्सन ने साँस खींचकर कहा, "यह तो सिर्फ़ आधा तीतर है।"

मैंने उसे दिलासा देते हुए कहा, "पार्टनर, इसी तरह किसी एक बड़े शिकारी ने कभी एक तीतर मारा था और उसके साथ एक बटेर भी मर गई थी और तब से 'आधा तीतर आधा बटेर' की कहावत चालू हो गई है। पर यह पुराना रिकॉर्ड था। आज तुमने कमाल का काम किया है। तुम्हारे एक ही फायर में आधा तीतर और चार-पाँच आधे बटेर निकल आए हैं। यह नया रिकॉर्ड है। तुम्हारा निशाना गजब का है। तुम्हारे कारतूस को कमाल हासिल है। तुम्हारी बन्दूक़ में सुर्ख़ाब के पर लगे हैं।"

हुआ यह है कि जब से लोगों ने मेरी भाषण-कला की तारीफ़ कर दी है तब से किसी की तारीफ़ करने में मैं भाषण-कला का इस्तेमाल कर बैठता हूँ।

इसलिए मेरी बात से विल्सन बहुत ही प्रभावित हुआ। वह इतना प्रभावित हुआ कि बन्दूक़ से ख़ाली कारतूस निकालकर मेरे हाथ में देते हुए कहने लगा, "यह गोलीवाला कारतूस है। मैंने इसी के सहारे आधे तीतर और पाँच आधे बटेरों का रिकॉर्ड कायम किया है। इसे अजायबघर में रखना चाहिए।"

मन में आया कि विल्सन को ही अजायबघर में भेज दूँ। उसने तीतर के ऊपर छर्रेदार कारतूस का इस्तेमाल नहीं किया था। उस पर गोली चलाकर उसने तीतर के साथ-ही-साथ एक पुरानी कहावत के भी टुकड़े-टुकड़े कर दिए थे। पूरा तीतर तो हाथ नहीं लगा पर नया रिकॉर्ड तो विल्सन के हाथ लग ही चुका था। इसलिए उसका उत्साह बढ़ाते हुए मैं कहने लगा, "सचमुच ही यह कारतूस कमाल का है। यह बन्दूक़ भी कमाल की है।"

तभी विल्सन को मेरी पहली बात याद आ गई। बोला, "पार्टनर, तुम कहते हो मेरी बन्दूक़ में सुर्ख़ाब के पर लगे हैं। जहाँ तक मैंने पढ़ा है, सुर्ख़ाब एक चिड़िया का नाम है। उसके पर बन्दूक़ में कैसे लग सकते हैं?"

मैंने रहस्य की हँसी हँसकर कहा, "पार्टनर, यह बात समझाने के लिए कभी सुर्ख़ाब का शिकार करने चलना पड़ेगा। आज तुमने तीतर का शिकार कर लिया है। इतना बहुत है। अब चलो, लौट चलें।"

हम लौटे। लौटते समय लगता था, विल्सन के पाँवों में पंख लग गए हैं। अब उसकी आवाज़ में बुलबुलें चहकने लगी थीं, और तबीयत पर अबाबीलें फुदक रही थीं। हँसते हुए उसने कहा, "पार्टनर, तुम लाजवाब आदमी हो। जाननेवाले ही तुम्हारी कदर जान सकते हैं।"

और इस बार विल्सन तबीयत से गाता हुआ लौटा,

"कदर उल्लू की उल्लू जानता है, हाँ।"

हवाएँ फुरफुराती हुई बहती रहीं। दूर की झाड़ियों में तीतरों ने इस बार कवि-सम्मेलन-सा करना शुरू कर दिया। पर हम रुके नहीं और आधा तीतर लेकर वापस लौट आए।

शोध

बया और बन्दर की कहानी : एक रिसर्च स्कॉलर की ज़बानी

एक जंगल में एक बया[1] रहता था। उसने एक बबूल की कँटीली डाल पर अपना घोंसला बना लिया था। इधर-उधर से तिनके बटोरकर यह घोंसला बनाया

---

1. "बया एक चिड़िया का नाम है।" देखिए 'अवर बर्ड्स' लेखक पी. स्मिथ, (पृ. 123)। "वह जंगल में रहती है और बस्ती में भी।" (वही, पृ. 124)। "चिड़िया वह है जिसके पैर भी हों और पंख भी।" (वही, पृ. 12)। "मनुष्य के पैर ही होते हैं, पंख नहीं।" (पृ. 13)। "चिड़िया चिड़िया है। आदमी आदमी। केवल उल्लू एक ऐसा है जो दोनों कोटियों में होता है।" (वही, पृ. 14); साथ ही देखिए, श्री केशवचन्द्र वर्मा की "एक ईसपनुमा कहानी।"

   इस बाल-कथा में आख्येय बया के वन में निवास करने का एक रहस्य है। मानवीय जीवन से व्यतिरिक्त परिस्थितियों में बया को रखकर उसमें जिन गुणों का समावेश किया गया है, उससे यही साध्य है कि मानव जाति में वे गुण क्षीण हो चुके हैं। यदि बया का निवास-स्थान वन न होकर कोई वाटिका होती तो सम्भवत: मानवीय क्षेत्र से प्रचलित झूठ, बेईमानी, छल, कपट, प्रपंच आदि स्वाभाविक मानवतत्त्व बया में समाविष्ट हो जाते। (देखिए, पक्षीमनोविज्ञान, पृ. 3)

गया था। कँटीली डाल पर अपने शान्त और सुखी घोंसले में बया अपनी पत्नी के साथ सानन्द जीवनयापन करता था।[1]

बया के कुछ अंडे-बच्चे भी थे जो उसी घोंसले में शान्ति के साथ पड़े सोया करते थे।

इस प्रकार रहते-रहते माघ का महीना आया। पाला गिरने लगा। पछुआ ज़ोर से बहने लगी। शीत और तुषार के मारे हाथ-पैर ठिठुरने लगे। बबूल के पीले फूल झर गए। उसकी बीजदार फलियाँ कड़ी पड़ गईं। उसकी शाखाएँ और भी काली हो गईं। तने में चिपका हुआ गोंद सूख गया। उसमें दातून लायक कोमल लकड़ी का मिलना भी कठिन हो गया। उसके काँटे तक सड़ गए। परन्तु बया आनन्दपूर्वक, सपत्नीक, सन्तान सहित, अपने शान्तिमय घोंसले में जीवनयापन करता रहा।[2]

---

1. इसी परिस्थिति को ध्यान में रखकर डॉ. एम.एस. गुप्त, एम.पी. ने 'पंचवटी' में लिखा है :

    "जितने कष्ट कंटकों में हैं
    जिनका जीवन सुमन खिला।
    गौरव गन्ध उन्हें उतना ही
    यत्र - तत्र - सर्वत्र मिला।"

    बया के इस प्रकार के जीवन से उत्तरकालीन छायावादी कवियों ने (अर्थात् सन् 1937 से सन् 1941 ई. के दीर्घ काल में एक नई साहित्यिक परम्परा कायम करनेवाले ने) एक ऐसे जीवन-दर्शन की कल्पना की थी जिसमें एकान्त-कानन, शान्तनिशीथिनी, निभृत-नीड़, प्रेम, प्रेयसी आदि का समावेश हुआ था और जो जीवन को मानवीय तृष्णाओं से परे ले जाकर एक शान्त सुस्थिर वातावरण में बिताने की राह दिखाता था। "यह बयामार्गी दर्शन फारस से चला था। उमर ख़ैयाम की रुबाइयों के भ्रष्ट अनुवाद के सहारे यह रोमांटिक रिवाइवल के कवियों की वाणी में पनपा। बाद में वह बंगाल के रास्ते हिन्दी साहित्य में आया। आलोचक इस दर्शन को अभारतीय मानते हैं किन्तु यह ध्यान में रखने की बात है कि बया शुद्ध भारतीय चिड़िया है और बयामार्गी दर्शन शुद्ध भारतीय दर्शन है।" (यह बात लेखक स्वयं कह रहा है पर चूँकि वह चाहता है कि इसका उपयोग विद्वानों द्वारा दर्शनशास्त्र के किसी इतिहास में हो, अतः उसे उलटे अर्धविरामों (इन्वर्टेड कामाज) में बाँध दिया गया है।)
2. बयामार्गी दर्शन में इस प्रकार के आचरण से बाह्य प्रकृति की हीनता सिद्ध की गई है। बयामार्गी के लिए आवश्यक है कि वह अपने शान्त निभृत-नीड़ में सानन्द पड़ा→

बया और बन्दर की कहानी : एक रिसर्च स्कॉलर की ज़बानी

सहसा एक दिन बादल घिर आए। हवा और ज़ोर से बही। बिजली चमकी। और ओलों की एक भयंकर बौछार के बाद पानी वेग के साथ गिरने लगा। चारों ओर अँधेरा छा गया। जंगल की भयानकता बढ़ गई।[1]

जब बिजली चमकी तो बया ने अपना सर घोंसले से बाहर निकाला।[2] उसने देखा कि घोंसले से कुछ ही दूर एक बन्दर बैठा हुआ है।[3] बन्दर बिना किसी सहारे के पेड़ की डाल पर चुपचाप घुटने में मुँह छिपाए बैठा था। पानी की बूँदें तेज़ हवा के कारण तिरछी होकर उसके शरीर पर पड़ रही थीं। वह

→ रहे, उस नीड़ का आधार भले ही अनेक परिस्थितियों में विनाश की ओर जा रहा हो। बाह्य परिस्थितियों की विषमता बयामार्गी की निभृत-नीड़-प्रियता को आघात नहीं पहुँचा सकती। (देखिए, एस. लाल का 'प्रकृति और पलायनवाद', पृ. 305)

1. देखिए 'वर्षा वर्णन', 'पद्मावती का विरह' (पद्मावत, एम.एम. जायसी द्वारा लिखित।) साथ ही देखिए, 'वर्षा वर्णन' (टी. दास द्वारा लिखित 'रामचरितमानस' के किष्किन्धा कांड में।)
   बयामार्गी-दर्शन में वर्षा, करकापात आदि बाह्य परिस्थितियों की विषमता का द्योतक माना गया है। क्योंकि वर्षा में बया अपने निभृत-नीड़ के लिए तिनके चुनकर नहीं ला सकता। मानवीय जीवन में वर्षा का क्या महत्त्व है, इस विषय में मतभेद है। परन्तु यह सब मानते हैं कि वर्षा का महत्त्व साधारण नहीं है। (देखिए, 'प्रकृति और पलायनवाद', पृ. 510, साथ ही देखिए 'ए सर्वे आन इंडियन एग्रीकल्चर', पृ. 203)
2. कभी-कभी बयामार्गी बाह्य परिस्थितियों का आनन्द लेने के लिए अपनी स्थितियों से ऊपर सर उठाता है। पर वह अपनी स्थितियों में इतना अभिभूत होता है कि उसे अन्य परिस्थितियाँ कौतुकजनक तथा विचित्र-सी जान पड़ती हैं। (देखिए, वही 'प्रकृति और पलायनवाद', पृ. 550)
   "बया के घोंसले का दरवाज़ा नीचे से होता है। अतः बया जब सर बाहर करके कुछ देखना चाहेगा तो उसे सब कुछ उलटा दिखाई पड़ेगा।"
   (प्लूटार्क लिखित 'पशु-पक्षियों की विचित्र बातें', पृ. 203, छठा संस्करण।)
3. "बन्दर दो स्थितियों का प्रतीक है : एक तो मनुष्य की आदिम संस्कृति का, दूसरे प्रकृति में जो कुछ भी क्षिप्र, चंचल और हानिकारक है उस सबका।" (रिसर्चेज़ इन ऐन्थ्रपॉलजी, एजुकेशन ब्यूरो मैगज़ीन, ऐनुअल नम्बर, पृ. 201)
   बन्दर में मानवीय संस्कृति के तथा प्रकृतिजन्य संस्कारों के सभी तत्त्व एक साथ मिलते हैं। शायद इसीलिए उसका सामना बया से कराया गया है जो बयामार्गी दर्शन का प्रवर्तक है।

सर्दी से काँप रहा था। बया को उस पर दया आ गई।[1] उसने बन्दर से कहा, "ऐ भाई[2], तुम क्यों इस घोर वर्षा में कष्ट उठा रहे हो? तुमने शायद मेहनत करके अपना घर नहीं बनाया।[3] इसी कारण तुमको इतना कष्ट हो रहा है। देखो, हमने कितना सुन्दर घोंसला बना लिया है।[4] इसी से हम इस बरसात और जाड़े में भी सुखी हैं। तुम भी अगर आलस त्याग कर अपना घर बना डालो तो तुम्हें इस भयंकर ऋतु का कष्ट न झेलना पड़े।[5] ऐ भाई, साहस और पुरुषार्थ से काम लो।"[6]

---

1. "बयामार्गी को अपने निभृत-नीड़ में बैठे-बैठे बाह्य परिस्थितियों से आक्रान्त जन्तु पर प्राय: दया आ जाती है। दया से उसके मन में संवेदना उत्पन्न होती है। संवेदना से समझ आती है। समझ से वाद निकलते हैं। वाद से विवाद निकलते हैं। विवाद से बयामार्गी के मन में निभृत-नीड़ के प्रति और भी आस्था बढ़ती है।"

   "बयामार्गी राजनीति में आरामकुर्सीवादी, कला में पलायनवादी, साहित्य में साधनावादी, दर्शन में आस्थावादी, छाया में प्रकाशवादी और प्रकाश में छायावादी होता है।" (देखिए, सुभाषित संचय)
2. इसी परम्परा से फ्रांस की राज्य-क्रान्ति में मातृत्व का सिद्धान्त स्वीकार हुआ जिसकी चरम परिणति नेपोलियन के शासन काल में हुई। "भाइयो और बहनो!" "प्यारे भाइयो!" की चलताऊ चीज़ों से लेकर 'वसुधैव कुटुम्बकम्' की भावना का उद्वेग इसी सम्बोधन से निकला है।
3. "बयामार्गी दूसरे के कष्ट को अपने कष्ट की माप से नापता है। चूँकि उसके पास एक निभृत-नीड़ है, अत: वह दूसरे के कष्ट का अन्दाज़ उसके बेघरबार होने में ही कर सकता है।"
4. दूसरों से संवेदना प्रकट करने में यह आवश्यक है कि संवेदी संवेद्य के स्तर पर आए। किन्तु बयामार्गी अपने कृतित्व का डंका पीटकर दूसरे अकृती के प्रति संवेदना प्रकट करता है।
5. दूसरे को उपदेश देना बयामार्गी का जन्मगत अधिकार है। वह स्वयं घोंसले में रहते-रहते दूसरों को घोंसलावादी बनाना ही अपना परम कर्तव्य मानता है।
6. बयामार्गी साहस और पुरुषार्थ में इसीलिए इतनी आस्था रखता है कि उसे साहस और पुरुषार्थ दिखाने का अवसर कभी नहीं मिलता। स्वभावजन्य संचय-वृत्ति को ही वह साहस और पुरुषार्थ मानता है।

बया और बन्दर की कहानी : एक रिसर्च स्कॉलर की ज़बानी

बन्दर को न जाने क्या सूझा कि वह दाँत निकालकर घोंसले पर झपटा।[1] उसने बया के अंडे तोड़ डाले। उसका घोंसला उजाड़ दिया।[2]

बया घबराहट में कुछ और न करके चीख़ने लगा। उसका घोंसला उजड़ गया और वह अपनी पत्नी के साथ दुखी होकर उजड़े हुए घोंसले पर शोक प्रकट करता रहा।[3]

सच है, नीच को कभी अच्छी सलाह नहीं देनी चाहिए।[4]

---

1. यह अनावश्यक और मौखिक सहानुभूति के मुक़ाबले कष्ट में पड़े हुए दुखी और विकृत मन का पुरुषार्थ मात्र है।
2. "जब दुखी मन और कुछ नहीं कर पाता तो उसे असहायता की स्थिति से उन्माद उत्पन्न होता है। उन्माद में कुछ भी प्रोत्साहन मिलने पर वह अप्रिय वस्तुओं का विनाश प्रारम्भ कर देता है।" (देखिए, 'सुभाषित संचय')
3. बन्दर, जैसा कहा गया है, बाह्य परिस्थितियों का प्रतीक है। उसके द्वारा अपने निभृत-नीड़ के नष्ट होने पर बयामार्गी शोक प्रकट करता है। उर्दू में इस शोक-प्रकाश पर अनेक कविताएँ लिखी गई हैं। देखिए, 'जिगर' का "इसी चमन में हमारा भी एक जमाना था। यहीं कहीं कोई छोटा-सा आशियाना था।" ऐसी कविताएँ सदा लिखी गई हैं और लिखी जाएँगी।
4. यह कहानी तभी लाभप्रद हो सकती है, जब कौन नीच है और कौन नीच नहीं है, इस भेद को समझ लिया जाए।

   देखिए, 'महाभारत'—"नापृष्टः कस्यचिद् ब्रूयात्।"

   अर्थात् जब तक कुछ पूछा न जाए तब तक कुछ न बोले।

   बयामार्गी ने इस नेक सलाह का पालन नहीं किया। इसी से वह दुःख को प्राप्त हुआ। बयामार्गी ऐसे ही कारणों से दुःख को प्राप्त होता है।

ग्रन्थ-विषयक टिप्पणी :

इस लेख में दिए गए जो ग्रन्थ आपको प्राप्त न हों उन्हें आप अप्राप्य समझें।

यात्रा

बैलगाड़ी से

बहुत दिन की बात है, तब मैं उन्नीस साल का था और कॉलेज में पढ़ता था। उस साल दशहरे की छुट्टियों में एक मित्र के बुलाने पर दो मित्रों के साथ मैं उसके गाँव के लिए शहर से चल पड़ा। हम घर से ताँगे पर चले। ताँगे ने हमें बड़े स्टेशन पर छोड़ा। वहाँ हमें रेलगाड़ी मिली। रेलगाड़ी ने हमें एक छोटे-से स्टेशन पर उतारा। वहाँ हमें बैलगाड़ी मिलनी थी। बारह मील का रास्ता था।

हम लोग अपने स्वागत के लिए किसी की प्रतीक्षा कर रहे थे। तभी एक निहायत गन्दे आदमी ने आकर हमें सलाम किया। मैंने पूछा, "क्या चाहते हो?"

गन्दे आदमी ने कहा, "आप ही लोग शहर से आए हैं हुजूर? चलिए, रामबाबू ने बैलगाड़ी भेजी है।" इतना कहकर सड़े हुए दाँतों की एक टेढ़ी-मेढ़ी कतार दिखाने के लिए उसने अपना मुँह फैलाया और, फिर बिना किसी कारण या प्रोत्साहन के हँसी की एक फुलझड़ी छोड़ दी।

शहर से आने में या रामबाबू के बैलगाड़ी भेजने में कोई हँसी की बात है या नहीं, इस पर बिना सोचे ही हम लोग इस गन्दे आदमी के पीछे-पीछे चल

दिए। इस बीच में मैंने उससे पूछा, "तुम गाड़ीवान हो?" जवाब में उसने हँसी की एक दूसरी फुलझड़ी छोड़ दी।

हम लोग स्टेशन से बाहर एक बरगद के पेड़ के पास पहुँचे। दिन के ग्यारह बजे थे। कुवार का महीना था। चारों ओर चमकती धूप। बीच में गहरी, काली छाँह। मेरे दो साथियों में एक साहित्य और दर्शन के विद्यार्थी थे। इसी बात के सबूत में उन्होंने कहा, "इसी छाया को देखकर कवि ने कहा होगा, 'कहो कौन तुम दमयन्ती-सी...'।"

पर मेरी निगाह उस गन्दे आदमी पर थी जो पेड़ के नीचे जाकर एक बैलगाड़ी के पास खड़ा हो गया था। वहीं दो बैल बैठे हुए थे—एक सफ़ेद, एक काला। बीच में ज़मीन पर भूसे और ज्वार की कुट्टी के कुछ टुकड़े पड़े थे। जाहिर था कि बैलों ने पेट भरकर भोजन किया है। अब वे आँख मूँदे बड़े ही शान्त और संयत भाव से जुगाली कर रहे थे। ऐसे वातावरण में मुझे दमयन्ती का ख़याल नहीं आया। बल्कि मुझे लगा कि मैं किसी आश्रम में आ गया हूँ। इसलिए मैंने अपने दार्शनिक साथी से कहा, "भाई, तुम्हारे विचार ही गर्हित हैं। यहाँ दमयन्ती कहाँ! यह तो वट-वृक्ष की छाया है। दोनों बैल उन महर्षियों की भाँति हैं जिन्होंने सांसारिक प्रपंच का जुआ अपने कन्धों से उतारकर फेंक दिया है। अब वे आँख मूँदकर परमहंसों की भाँति बैठे हुए हैं।"

मेरे दूसरे साथी राजनीति के विद्यार्थी थे। वे बोले, "और देखो तो, एक बैल काला है, एक सफ़ेद है। पर इनमें काले-गोरे का भेदभाव नहीं है। ये दोनों एक ही जगह बैठकर खाना खाते हैं। कन्धे-से-कन्धा मिलाकर चलते हैं। एक ही बैलगाड़ी में साथ-साथ जुतते हैं। इन बैलों से उन बहुत से देशों को एक शिक्षा मिल सकती है, जहाँ वर्ण-भेद के कारण...।"

"हट्-हट्, तिक्-तिक्" की ज़ोरदार आवाज़ ने मेरे राजनीतिक मित्र को यहीं रोक दिया। हमने देखा, वह गन्दा आदमी इस मंत्र को बार-बार दोहरा रहा था और तालू, जीभ और गले के प्रयोग से ऐसे-ऐसे स्वर निकाल रहा था कि दोनों बैल पूँछ फटकारकर खड़े हो गए थे। उन्होंने मुँह का फेना ज़मीन

पर गिरा दिया, नाक से ज़ोरदार साँस निकाली, सींग हिलाकर गले की घंटियाँ बजाईं और इस तरह ऐलान कर दिया कि दो महर्षि फिर से संसार का जुआ अपने कन्धों पर रखने को तैयार हो रहे हैं।

गन्दे आदमी ने हमारे देखते-ही-देखते बैलगाड़ी में ढेर से पुआल के ऊपर एक टाट का टुकड़ा बिछाकर हमारे बैठने का इन्तज़ाम कर दिया। बैठने के पहले हमने उस गाड़ी को एक निगाह देखा। यह न तो ऐसी गाड़ी थी जो 'चरमर चरमर चूँ चररमरर' वाले स्तर की होती है; जिस पर भूसा, गल्ला, ईंट ढोया जाता है और जो पूँजीवादी व्यवस्था की मज़बूती के लिए काम में लाई जाती है। न यह ऐसा सूक्ष्म और सुन्दर शकट ही था जिस पर मृच्छकटिक की नायिका बसन्तसेना ने अपने परिभ्रमण का सुख उठाया होगा। यह एक मझोले कद की गाड़ी थी। इसकी सतह पर गोबर और खाद के पुराने निशान बने थे, जिससे जाहिर था कि इसका प्रयोग 'अधिक अन्न उपजाओ' आन्दोलन में होता रहा है। साथ ही इसके पहियों के 'हब' से रेंडी का तेल अब तक चू रहा था, जिससे जाहिर था कि गाड़ी को बहुत दिन बाद पहियों पर लाया गया है।

गाड़ी में बैल जुत गए। महर्षि लोग गृहस्थाश्रम में आ गए। हम तीनों अन्दर बैठे, हमारे ऊपर चादर का हुड फैला दिया गया। गाड़ीवान ने, जो हमारे पास बैठने के कारण अब गन्दा आदमी कहलवाने से बच रहा है, गाड़ी चला दी। गाड़ी घरघराती हुई छाँव से धूप में, स्टेशन से मैदान में और मैदान से उतरकर एक सँकरे गलियारे में आ गई। यहाँ बैलों का उत्साह धीमा हो गया। आन्दोलन की प्रगति ढीली हो गई। गाड़ी धीरे-धीरे डेढ़ मील फी घंटे की चाल पर उतर आई। गाड़ीवान भी पहले तो 'हट्-हट्, तिक्-तिक्' का नारा लगाता रहा। फिर बैलों को कोसने लगा। फिर उन्हें पुचकारने लगा। फिर चुप हो गया। फिर हमारी ओर पैर फैलाकर बैठ गया। फिर लेट गया। फिर सो गया।

बैल धीरे-धीरे चलते रहे।

मेरे मन में, न जाने क्यों, बड़े ही उदात्त भाव पैदा हो रहे थे : इस गाड़ी को बैल चलाते हैं। बैल धर्म का प्रतीक है। अतः बैलगाड़ी वह गाड़ी है जो

धर्म से चलती है। यह हमारी धर्मधुरीण प्राचीन संस्कृति का उपलक्षण है। इसके सहारे हमारी संस्कृति जहाँ थी, वहीं है और वहीं रहेगी। हम स्पुटनिक और रॉकेटवाले देशों का मुक़ाबला भले ही न कर सकें, पर हमने भी कछुए और खरगोश की कहानी पढ़ी है और जब तक हमारी बैलगाड़ी का कछुआ सत्यता की लीक पर चल रहा है, हमें हार का डर नहीं है...।

मेरे मन में ऐसे ही भाव उमड़ रहे थे कि गाड़ी का एक पहिया किसी गड्ढे में धक्का खाकर नीचे गया फिर ऊपर निकल आया। हमें लगा कि हमारी कमर के पास से जिस्म को गन्ने की तरह किसी ने तोड़ दिया है। पर हमारे दार्शनिक मित्र बोले, "बैलगाड़ी के पहिये ऊपर-नीचे जाकर हमें दुःख-सुख के चक्रों का पाठ पढ़ाते हैं—चक्रवत् परिवर्तन्ते दुःखानि च सुखानि च।"

मैंने भी जवाब दिया, "बैलगाड़ी ही हमारे दर्शन और काव्य का आदि स्रोत हैं। तभी कालिदास ने कहा है, 'नीचैर्गच्छत्युपरि च दशा चक्रनेमिक्रमेण'।"

इसी बीच में बैलगाड़ी का पिछला हिस्सा एक ओर को झुककर ज़मीन से सट गया। जुआ उछलकर आसमान की ओर ताकने लगा। हम लोग बालू के बोरों की तरह एक-दूसरे पर लुढ़क गए। हुआ यह था कि गाड़ी लीक से बाहर घूमकर एक गड्ढे में जा पड़ी थी। दोनों बैल जुए से बाहर निकलकर इस तरह सींगें हिला रहे थे और पूँछ फटकार रहे थे जैसे वे किसी का भी मुक़ाबला कर सकते हों।

गाड़ीवान ने बैलों की नाथ खींचकर उनके मुँह पर ज़ोर-ज़ोर से तमाचे लगाए, उन्हें गाड़ी में जोता और फिर वह हँस-हँसकर कहने लगा, "बड़े तेज़ बैल हैं, हुज़ूर। वो, वो, जो गुलाबी साफ़ा बाँधे हुए कोई साइकिल पर जा रहा है, उसी को देखकर भड़क गए थे। नये-नये काढ़े गए हैं, हजूर।"

इस बात का कोई जवाब नहीं था। गाड़ी फिर चल पड़ी। इस पर हमारे राजनीतिक मित्र बोले, "जैसे कालिदास को इस बैलगाड़ी से उत्कृष्ट साहित्य की प्रेरणा मिली थी, वैसे ही आजकल यह प्रजातंत्र की प्रेरक शक्ति है। ये बैल कैबिनेट के समान हैं। गाड़ीवान प्रेसीडेंट का काम करता है जो बैलों

को चलाता है और नहीं भी चलाता है। यह गाड़ी, यह गाड़ीवान, ये बैल—ये सब हमारे हैं। हम जनता हैं।"

पता नहीं, मित्र का व्याख्यान कब ख़त्म हुआ। कुवार का महीना, हरियाली, आलस-भरा घाम, ठंडी हवा...इसने जादू का काम किया। हम थके थे ही। कुछ देर में एक-एक करके सो गए। गाड़ीवान पहले ही मुँह पर अँगोछे डालकर लेट गया था। गाड़ी धीरे-धीरे चलती रही।

अचानक किसी ने मुझे जगाया। मैंने आँखें मलकर देखा। गाड़ी उसी बरगद के पेड़ के नीचे खड़ी थी। मैंने और ध्यान से देखा। हम स्टेशन के पास ही थे। गाड़ीवान बैलों पर लगातार डंडे बरसा रहा था। हमें जगा हुआ देखकर उसने हँसी की एक और फुलझड़ी छोड़ी और हमें समझाने लगा, "अरे हजूर, ये बैल ही गब्बू हैं। बड़े सीधे जानवर हैं, हजूर। इस इलाक़े के लोग भी बड़े बदमाश हैं। मेरी जरा-सी आँख झप गई। बस किसी ने बैलों का मुँह मोड़ दिया, गाड़ी घुमा दी और फिर उसे स्टेशन की तरफ़ चला दिया। दो कोस तक निकल गए थे, हजूर, फिर उतना ही वापस लौट आए।"

गाड़ीवान के हँसने के पहले ही दार्शनिक मित्र ने गम्भीरता से कहा, "प्रगति एक मिथ्या तत्त्व है। हम चाहे जितना चलें, घूमकर फिर वहीं आ जाते हैं।"

राजनीतिक मित्र बोले, "प्रजातंत्र तभी सफल होता है, जब जनता जागती रहती है। यह सब हमारे ही सो जाने का नतीजा है।"

गाड़ीवान ने हँसते हुए बैलों को फिर से गाड़ी में जोत दिया। महर्षिगण फिर संसार-चक्र में आ गए। 'हट्-हट्' और 'तिक्-तिक्' के साथ हमारी बैलगाड़ी फिर पुरानी लीक पर चल पड़ी।

संस्मरण

शॉ का भूमिका-भाष्य

जॉर्ज बर्नार्ड शॉ अब मर चुके हैं। वे एक बहुत बड़े विचारक और नाटककार थे। वे आयरिश थे। आयरिश आयरलैंड के निवासी को कहते हैं। आयरलैंड इंग्लैंड के पश्चिम है। पश्चिम उस दिशा का नाम है...।

पर बात से बात निकालने से क्या फ़ायदा? अब बर्नार्ड शॉ ज़िन्दा नहीं हैं, अतः बिना किसी खंडन की आशंका के मैं साफ़-साफ़ कहना चाहता हूँ कि मैं भी उनसे मिल चुका हूँ। मेरी उनकी काफ़ी देर बातचीत हुई और मैं उनको कुछ ज्ञानपूर्ण बातें भी बता चुका हूँ।

विश्वास न मानते हों तो यों समझ लें कि मैंने उन्हें सपने में देखा और पूरी बात वहीं हुई।

हुआ यह कि मैंने एक नाटक लिखा। एक क्या, नाटक तो कई लिखे, पर मैंने यह नाटक लिखकर इस पर शॉ से भूमिका लिखानी चाही। तभी मैं उनसे मिला। सपने का मामला ठहरा, इसलिए बातचीत रात में ही हुई।

भारतीय रीति-रिवाज के अनुसार मैंने शॉ को बताया कि मैं उन्हीं की बिरादरी का हूँ। ख़ुद भी नाटक लिखता हूँ, निरामिष-भोजी हूँ। मदिरा नहीं

पीता, कभी-कभी टेढ़ी-मेढ़ी बातें भी कर लेता हूँ। इसलिए अपना ही आदमी समझकर शॉ मेरे नाटक की भूमिका लिखें।

शॉ ने मेरी ओर पैनी निगाहों से देखा और मुस्कराए। मैंने कुछ परेशानी से कहा, "मुझे आप अपना ही आदमी समझें। दाढ़ी की कोई बात नहीं, मैं बढ़ा लूँगा।"

वे ज़ोर से हँसे। मैं देखता रहा। वे बोले, "मैं तुम पर ख़ुश हूँ। तुम पहले हिन्दुस्तानी हो जो मतलब के लिए आए और आते ही मतलब की बात कह बैठे। वरना हिन्दुस्तानी जब किसी मतलब से आता है तो घंटा-दो घंटा निरर्थक बातें करता है, और जब जाने लगता है तो दरवाज़े के पास ठहरकर धीमे सुर में कहता है, "अब एक छोटी-सी बात यह है...।"

हिन्दुस्तानी होने के नाते संस्कारवशात्, हिन्दुस्तानियों की निन्दा करने का अवसर मैं क्यों चूकता? बोला, "ये सब जाहिलों की बातें हैं। मैं तो आपको बिरादरी का आदमी मानकर साफ़-साफ़ बातें कर रहा हूँ। इस नाटक पर आपकी भूमिका चाहिए।"

वे बिना किसी दिलचस्पी के बोले, "नाटक का हीरो क्या करता है?"

मैंने कहा, "डॉक्टर है।"

शॉ ने कहा, "डॉक्टरी पर जो कहना था वह मैंने 'डॉक्टर्स डाइलेमा' में कह दिया है। अब मुझे कुछ भी नहीं कहना है।"

मैं बोला, "उसमें एक एग्रेसिव टाइप नायिका भी है।" उन्होंने धीरे से सिर हिलाया, फिर बोले, "'मैन एंड सुपरमैन' पढ़िए।" मैंने कहा, "नाटक में कुछ ग्रामीणता भी है।" वे बोले, "'पिगमैलियन' में सब मिल जाएगा।" मैंने नाटकीयता से कहा, "बिरादर शॉ, फिर भी मेरा नाटक मौलिक है। इस पर आपको एक मौलिक भूमिका लिखनी ही होगी।"

सुनते ही शॉ सचेत होकर बैठ गए और ख़लील जिब्रान के किसी अतिमाननीय पात्र की भाँति कड़ककर तीव्रता से कहने लगे, "ओ भूमिका-प्रेमी हिन्दुस्तानी, सुनो। मैंने नाटक लिखे हैं और नाटकों की भूमिकाएँ भी लिखी हैं। मैं भूमिकाओं का रहस्य जानता हूँ। इसलिए वह रहस्य तुम भी जान लो।

शॉ का भूमिका-भाष्य

"भूमिका इसलिए होती है कि पाठक समझ लें कि लेखक की एक अपनी भूमि भी है। भूमिहीन लेखकों के लिए भूमिका का इसलिए और भी महत्त्व है। इसलिए नाटक के कई अंक काटकर एक भूमिका लिखना नाटककार की बुद्धिमत्ता में शामिल है।

"जो दूसरों से भूमिका लिखाकर अपनी कृति की प्रशंसा कराते हैं वे वैसे ही हैं जैसे किसी पावरहाउस के निर्माता इंजीनियर, जो किसी नेता द्वारा स्विच दबवाकर प्रकाश का उद्घाटन कराते हैं और भूल जाते हैं कि प्रकाश को वे ही लाए हैं।

"जो अपने प्रकाशक से प्रस्तावना लिखाते हैं वे अपनी पुस्तक के लिए विज्ञापन लिखाने के पैसे तो बचा लेते हैं पर अपनी पुस्तक को रजिस्टर्ड दवाओं के स्तर पर उतार देते हैं।

"जो पाठक भूमिका पढ़ते हैं वे प्रमाणित करते हैं कि पुस्तक उतनी पठनीय नहीं और जो पाठक भूमिका नहीं पढ़ते वे प्रमाणित करते हैं कि वे लेखक में दिलचस्पी नहीं रखते, उसकी कृति में ही उनकी दिलचस्पी है।

"जो लेखक भूमिका में अल्पज्ञ होते हुए भी पुस्तक लिखने की क्षमा माँगता है उसे कभी क्षमा न करो। जो अपनी कृति पर इतना लज्जित हो कि उसे दिखाने में भी क्षमा माँगे उसे लज्जा के गढ़े में इतना नीचे ढकेल दो कि वह दूसरी पुस्तक न लिख सके।

"जो भूमिका में अपनी पहली कृति होने के कारण क्षमा माँगता है, वह मूढ़ है। उसे समझाओ कि उसने पहली बार जब प्रेम किया था तो अपनी प्रेयसी से उसने इस बात की क्षमा न माँगी होगी कि वह उसकी पहली प्रेयसी है।

"जो भूमिका में यह कहता है कि सावधानी से पढ़ने पर ही उनकी पुस्तक के गूढ़ तत्त्व पाठकों पर प्रकट होंगे, वह काइयाँ है। उससे होशियार रहो। वह उन ज्योतिषियों जैसा है जो भविष्यवाणी गलत होने पर भी अपनी गलती नहीं मानते और कुंडली को ही गलत बताकर उसे दोष देते हैं।

"जो लेखक भूमिका में बहुत अकड़कर बात करता है और अपनी पुस्तक द्वारा जनसाधारण के विचारों को मोड़ देने का दावा करता है, वह चालबाज है। उसकी बात समझ-बूझकर पढ़ो। वह सड़क पर जादू के खेल दिखानेवाले उन ठगों-सा है जिनको ठग समझकर भी तुम उनका खेल देखने को रुक जाते हो और ज़्यादातर ठगे जाते हो।

"जो भूमिका में विद्वत्तापूर्ण तथ्य रखने की कोशिश करता है और पुस्तक में ढीली-ढाली बातें कहता है, वह उन चलताऊ गवइयों-सा है जो दो-चार रटी हुई तानें सुनाकर, अपनी संगीतज्ञता की धाक जमाकर, बाद में आँखें मटकाते हुए सिनेमा के सस्ते गाने गाने लगते हैं।

"जो भूमिका में हल्की-फुल्की बातें लिखकर पुस्तक में गम्भीर बातें कहते हैं वे उन घटिया मेल के अध्यापकों की भाँति हैं जो जुलाई में लड़कों को टॉफियाँ बाँटते हैं और अप्रैल में बेंत चलाते हैं।

"जो किसी उद्‌देश्य से भूमिका लिखते हैं, वे पुस्तक के उद्‌देश्य को नगण्य बना देते हैं।

"जो बिना उद्‌देश्य के भूमिका लिखते हैं, वे पुस्तक भी बिना उद्‌देश्य के ही लिख सकते हैं।

"जो विद्वान कहलाते हैं और स्वयं कोई कृति न देकर दूसरों की कृतियों पर भूमिका मात्र लिखते हैं, वे उन बधिया बैलों के समान हैं जो हरियाली देखते ही डकारने लगते हैं।

"जो दूसरों की पुस्तक में भूमिका लिखते समय पहले तो पुस्तकीय विषय पर लम्बी-चौड़ी स्वतंत्र चर्चा करते हैं और बाद में एक ही पंक्ति में पुस्तक और पुस्तककार के भविष्य पर राय देकर अपने नाम की छाप छोड़ देते हैं, वे प्रायः पुस्तक और पुस्तककार दोनों ही को नहीं जानते हैं।

"जो दूसरे की पुस्तक में भूमिका लिखते समय, लेखक से अपना स्नेह-सम्बन्ध जताकर, उस पर वस्तुपरक विचार नहीं देते और यह कहकर रह जाते हैं कि वे लेखक की प्रत्येक कृति को केवल स्नेह की दृष्टि से देखते हैं,

वे लेखक के प्रच्छन्न निन्दक हैं और उसकी कृति को आलोचना की दृष्टि से हेय समझते हैं।

"दूसरे की पुस्तक पर भूमिका लिखते समय यदि किसी ने प्रशंसा की तो वह ख़रीदा हुआ चारण-सा दीखने लगता है, निन्दा की तो विश्वासघाती-सा प्रकट होता है, तटस्थता दिखाई तो कोर्ट में पुकार लगने पर पेट के दर्द का बहाना करके बाहर ही रुक जानेवाले धोखेबाज गवाह-सा जान पड़ता है और अतिशय प्रेम दिखाया तो अपने काने लड़के को नयनसुख बतानेवाला जान पड़ता है।

"अत: विद्वानों और समझदारों के लिए दूसरे की पुस्तक पर भूमिका लिखने का काम बहुत ही अप्रिय काम है। मैं विद्वान् हूँ और समझदार भी हूँ अत: मैं भूमिका नहीं लिखूँगा। मैं केवल अपने नाटकों पर भूमिकाएँ लिखता रहा हूँ और उनको इतना लम्बा करके लिखा है कि वे स्वतंत्र पुस्तकें बन गई हैं और भूमिका होने की गन्दी छाप उन पर से उठ गई है।

"तुम बिरादरीवादी भारतीय हो। अपनी बिरादरी में ही जाकर घूमो। तुम्हें बहुत से भूमिका-लेखक मिल जाएँगे।

"जिस ओछेपन से तुमने बात की है, वह तुम्हें यहाँ रुकने का हक़ नहीं देता। तुम बाहर निकल जाओ।"

शॉ ने ये अन्तिम बातें चीख़ते हुए कही। मुझे सहसा बोध हुआ कि इन्हें गांधीवाद की आवश्यकता है। अत: शान्त, अहिंसावादी, शाकाहारी भाव से मैंने कहा, "बिरादर जार्ज, तुम्हारी बातें असंगत हैं। मैं तत्त्व-प्रधान देश का रहनेवाला हूँ और तुम्हें तत्त्व की बात सुनाता हूँ। सो सुनो।

"तुमने दूसरों से भूमिका लिखाने की निन्दा की है। पर मैं यदि स्वयं भूमिका लिखता हूँ तो उसमें भी कई विपत्तियाँ हैं। भूमिका लिखूँ तो भूमिहीन समझे जाने का भय है। न लिखूँ तो सस्ते जासूसी उपन्यास लिखनेवाले उन घटिया लेखकों की समकक्षता पाने की सम्भावना है जिनकी किताबें पिस्तौल छूटने की धायँ-धायँ से शुरू होती हैं। भूमिका में नम्रतावश यदि

अपनी अल्पज्ञता और अनुभवहीनता की बात कहूँ तो क्रूर आलोचक मेरी ही बातों को मेरे ख़िलाफ़ उद्धृत करेंगे और यदि अपनी प्रशंसा करूँ तो जानते हो लोग क्या कहेंगे?

"यदि लोग मेरे मुँह से मेरी ही दम्भभरी प्रशंसा सुनकर मुझे दम्भी कहते तो मैं झेल ले जाता। पर अब लोग मुझे तुम्हारा नकलची कहते हैं। शेवियन कहकर मेरी सम्पूर्णत: मौलिक आत्मप्रशंसा को विदेशी और अमौलिक बना देते हैं। बिरादर जार्ज, तुमने अपने हाथों अपनी इतनी ढोल पीटी है कि आज के लेखक अपनी ढोल पीटने के अधिकार से हाथ धो बैठे हैं। वे प्रशंसा अपनी करते हैं पर वह तुम्हारी प्रशंसा मान ली जाती है।

"इसलिए मैंने तुम्हें मौका देना चाहा था कि जहाँ तुमने अपनी इतनी भूमिकाएँ लिखी हैं और इतना आत्म-प्रचार किया है, वहीं तुम एक बार और सामने आकर अपनी ताक़त दिखा लो।

"मैं तुम्हें विनम्रता का प्रत्यक्ष पाठ पढ़ाना चाहता था। यदि तुम मेरी इस पुस्तक पर एक भूमिका लिख देते तो छह महीने बाद ही तुम्हें पता लग जाता कि तुम कहाँ हो। हमारी साहित्यिक शैली इतनी उन्नत हो चुकी है कि तुम्हारी भूमिका देखते ही पत्र-पत्रिकाओं के आलोचक तुम पर धावा बोल देते और पहले तुम्हारी भूमिका की लम्बाई पर छींटे कसते, फिर तुम्हारी दक़ियानूसी व्यंगप्रवृत्ति पर। बाद में तुम्हारे आदर्शों की पोल खोलने का श्रेय पाने के लिए प्रत्येक आलोचक तुम पर कुछ-न-कुछ ज़रूर कह डालता। इससे तुम घबराते और विनम्र बनते। वैसे, तुम्हारा प्रचार भी होता।

"मैं तुम्हें बताना चाहता हूँ कि हमारी साहित्यिक चेतना इतनी विकसित हो चुकी है कि आलोचक आत्मप्रचारवादियों का ढूँढ़-ढूँढ़कर हनन कर रहे हैं और उन्हें कोई स्वयं आत्मप्रचारवादी न बता दे इसलिए उन्होंने अपने छद्मनाम रख छोड़े हैं। ज़रा-सा सन्देह हो जाने-भर से वे आत्मप्रचारकों को चारों ओर से घेर लेते हैं।

"बिरादर जार्ज, अच्छा ही किया कि तुमने भूमिका लिखने से इनकार कर

दिया। नहीं तो इस देश की सनातन विनम्रता तुम्हारी भूमिका-शैली को हजम करके फिर पूर्ववत् नीची निगाह लेकर बैठ जाती।

"मैं जानता हूँ। मुझे सचमुच ही बहुत से भूमिका-लेखक मिल जाएँगे। तुम चाहे जो कुछ कहो, तुम पुराने पड़ गए हो। अमेरिका की अर्वाचीन व्यापार-पद्धति में विज्ञापन-लेखन अपने-आपमें एक महान् कला है। उसी कला की सेवा करनेवाले हमारे बहुत से विद्वानों को तुम एक साँस में नहीं गिरा सकते। मैं उनमें से किसी एक को अपना लूँगा। उसकी लिखी हुई भूमिका को पढ़ना और देखना कि उसने तुम पर कितने उदार विचार प्रकट किए हैं।

"उससे मैं तुम्हारी प्रशंसा लिखवाऊँगा ताकि तुम लज्जित हो सको।"

चूँकि बात सपने ही की है इसलिए मुझे यहीं रुकना पड़ता है। शॉ मुझे पैनी निगाह से देखकर मुस्कराने लगे। और हालाँकि सपने की टेकनीक पर लिखी गई कहानियों का नायक अन्त में चारपाई से नीचे गिर जाता है या बीवी द्वारा जगा दिया जाता है, पर मेरे साथ ऐसा कुछ नहीं हुआ। मैं सोता रहा।

जहाँ तक शॉ को समझाने का सवाल है, अपने बहुत से साथियों के साथ मैं अब भी सो रहा हूँ।

सुकवि सदानन्द के संस्मरण

कवि न होहुँ नहिं चतुर प्रबीना।
सकल कला सब विद्या हीना॥

—गोस्वामी तुलसीदास

(तबहुँ कबिन कर आसन छीना)

—सदानन्द

हौं पंडित केर पछिलगा।

—जायसी

(यहि विधि सकल जगत का ठगा)

—सदानन्द

विफल जीवन व्यर्थ बहा बहा,
सरस दो पद भी न हुए अहा,
सफल है कविते तव भूमि भी,
पर यहाँ श्रम भी सुख-सा रहा।

—मैथिलीशरण गुप्त

(सुकवि तो मुझको सबने कहा)

—सदानन्द

सुकवि सदानन्द के संस्मरण

संस्मरण की परिपाटी पुरानी है। बाणभट्ट जैसे कवि ने 'हर्षचरित' के सहारे आत्म चरित लिखा है। अर्वाचीन परिपाटी और भी अलंकारमय है। सुलेखक, विमल बी.ए. पास, बाबू श्यामसुन्दर दास तक ने अपनी जीवनी अपने हाथों लिखी है। बाणभट्ट ने 'हर्षचरित' में अपने आवारा होने से उच्च कोटि के कवि होने तक का वर्णन किया है। अर्वाचीन परिपाटी में कवि होने से आवारा होने तक का वर्णन हो तो वह आदर्श जीवनी हो जाएगी। अपने विषय में वही करता हूँ।

अर्वाचीन शैली में शरीर-सज्जा के वर्णन से ही संस्मरण प्रारम्भ करने का चलन है।

यथा :

शरीर से दुर्बल, देखने में दरिद्र, एक आँख चमकती हुई, एक आँख मुँदी हुई, मूँछें छोटी-छोटी और अकिंचन—ऐसे हैं बाबू...।

उसी प्रकार अपनी अनेक स्थितियों के छह चित्र पाठकों की भेंट करता हूँ :

लँगोटी लगाए हुए, तन पर भस्म मले हुए, रूखे बाल, फलाहारी (अर्थात् आम का रस हाथ में और जामुन का रस मुँह पर पोते हुए), कृष्णानुरागी (अर्थात् काले-कलूटे), गोरक्षक (अर्थात् गाय-बैलों की चरवाही करते हुए), शुकदेव समान (अर्थात् दस वर्ष की आयु में ही जंगल में घूमनेवाले), परम प्राकृत रूप—यह मेरी बाल्यावस्था थी।

लुंगी बाँधे हुए, भुजाओं में काला ताबीज और गले में काला डोरा डाले, शरीर पर कड़ुवे तेल की मालिश किए, भंग पिए, भंग पीनेवालों से घिरे, भंग घोटते हुए, कड़कती आवाज़ में कवित्त-सवैयों का पारायण करते हुए, गुरु-सेवा में तल्लीन—यह किशोरावस्था थी।

बढ़िया तावदार, पेंचदार मूँछों से शोभित मुखमंडल, रंगीन साफा, जोधपुरी कोट, चूड़ीदार पाजामा, ताम्बूल-चर्वण-सिद्ध कंठ से नायिकासेवी सवैयों का गान, छन्द को अयाचित रूप से दो बार सुनाने का नियम—यह पूर्व-युवावस्था थी।

गांधी-टोपी, कुर्ता, धोती, चप्पल, छड़ी, झोला। जो सच है उसे सच बताते हुए। 'सत्य से लाभ', 'पुरुषार्थ की महिमा', 'आशा और निराशा' आदि विषयों पर कविता लिखते हुए—यह मेरी उत्तर-युवावस्था थी।

फिर, समय की शिला पर मधुर चित्र बनाते हुए, नीर भरी दुःख की बदरी बरसाते, मन को मधुर-मधुर तपने का उपदेश देते, हृत्तंत्री के तारों से क्षितिज के उस पार को भी झंकार कर, क्षीणकाय, क्षीणकटि, जटिली, कुंचित-केशी, मधुवेशी रूप में काव्य-सर्जना करते हुए—यह प्रौढ़ावस्था थी।

और अब वेश से काव्य-निर्देश होना सम्भव नहीं। प्रगति, प्रयोग, नवकाव्य (नई कविता)—सब गड़बड़ हो गया है। फिर भी :

रूखे बाल, टूटे चप्पल, फटा कुरता, बिना स्याही की फाउंटेन पेन, मोटे फ्रेम का चश्मा।

अथवा, बिलकुल नया सूट, दोषहीन अंग्रेज़ी भाषा, चमकते जूते, वकीलों-सी तार्किकता, डॉक्टरों की-सी सहानुभूति, बीमा एजेंटों की-सी चतुरता, बातचीत में कथा-वाचकों की-सी असम्बद्धता—यह सब वृद्धावस्था में झेल रहा हूँ।

मैं सदानन्द था, सदानन्द हूँ। इसका रहस्य नये कवियों के लाभार्थ बता रहा हूँ।

प्रारम्भ से गुरुदेव ने सवैया-घनाक्षरी का सुख दिया। तब कवित्त लिखने के विषय खोजने न पड़ते थे। वे बोले, "मुग्धा पर लिखो। सवैया छन्द हो। सिंहावलोकन का सत्कार हो। छेकानुप्रास की छटा हो। रूपक का रमण और उत्प्रेक्षा का उल्लेख हो।" दिन-भर भगण के लघु-गुरु का नक्शा बनाकर क्रॉसवर्ड पहेली-सी भरते रहे। शाम को गुरुदेव ने वह नक्शा फाड़कर फेंक दिया और एक सवैया लिख दिया। मेरी काव्य-साधना सफल हुई।

समस्या-पूर्ति में और भी सुख था। किसी ने समस्या दी, मैंने उसकी पूर्ति दी। "पिपीलिका चुम्बत इन्दु की बिम्बैं" मिल गई तो 'किम्बैं' से लेकर 'ज़िम्बैं' तक खींच ले गए। इस प्रकार चार तुक निकालकर पिपीलिका को इन्दु तक ले जाने का उपक्रम करने लगे। साधना कठिन थी, पर

पिपीलिका की साधना सर्वविदित ही है। वह असली इन्दु तक न जा सके तो नायिका का मुख भी तो इन्दु ही है। नायिका के सो जाने पर पिपीलिका को वहीं पहुँचा दिया और इन्दु की बिम्बैं दिखा दी। आगे पिपीलिका की गति पिपीलिका जाने और नायिका की जाने नायिका।

एक रेलवे के बाबू थे। रायबरेली के रहनेवाले, जाति के दुबे। उन्होंने नौकरी से इस्तीफा दे दिया। उसके बाद कविता के स्टेशन पर आकर नायिका-भेद, सवैया-घनाक्षरी आदि की लाइन पर लाल झंडी लेकर बैठ गए। खड़ीबोली का लाइन-क्लियर देकर सीटी बजाने लगे। प्रयाग में सीटी बजाई तो चिरगाँव तक उसकी गूँज गई। मैंने गुरुदेव से कहा, "मैं भी इस नई लाइन पर जाऊँगा।"

वे बोले, "तरवारि की धार पर धावनो है।"

पर मैंने लाइन बदल दी। यहाँ और भी सुख था। जैसे कोई आकर कहे, "इस डिब्बे की चेन फिट कर दो।" वैसे ही एक पत्र ने आकर कहा, "वर्षा-अंक के लिए 'हरी घास पर' कविता लिखो। 'मानो' का प्रयोग हर तीसरे चरण में हो। इसे उत्प्रेक्षा समझो। द्रुतविलम्बित छन्द हो।"

यह काम बड़े आराम से चल रहा था कि एक दिन कहीं पढ़ा :

"विजन निशा निरवधि नभ शीतल,
तुहिन, कुसुम, विभ्रम, साकार"

न भाषा समझ में आई, न भाव। लगा कि मैं जिस लाइन पर जा रहा था वह छोटी लाइन है। उसी के पास से बड़ी लाइन पर एक गाड़ी बिना दुबे जी से लाइन-क्लियर माँगे निकल गई है।

मुझ सदानन्द को क्या चिन्ता? कवि कहाने की चाट लगी थी। (कवियश: प्रार्थी) सीधे प्रयाग गया। एक वयकिशोर, कोमलतनु, परम सुखद कवि मिले। गुरुदेव का पत्र आया कि रहस्यवाद का जाल जटिल है। मैंने इन गुरु की जटाओं का उल्लेख करके लिखा कि कविता के उत्स कहाँ से फूटे हैं।

अब कालिदास ग्रन्थावली लेकर शब्द खोजने बैठे। आवर्जित, संचारिणी, पल्लविनी, श्लथ, विश्लथ, नीहार—जो भी शब्द स्त्रैण जान पड़ा, उसे रट लिया। उपसर्ग का प्रयोग सीखा। शम का उपशम, क्रान्ति का संक्रान्ति, हार का प्रहार, आहार, संहार, विहार सब रटकर जो कविता लिखी तो पूरी लाइन पर डाकगाड़ी की गमक गूँजने लगी।

एक दिन समाचार सुना कि प्रगतिवाद के दफ़्तर में भर्ती का काम जारी है।

लड़ाई के दिन थे। देश के हज़ारों नौनिहाल खन्दकों में पड़े सड़ रहे थे। मैंने भी दफ़्तर में जाकर अपना कार्ड बनवाया। हवलदार ने नसीहत दी, "ये जनाना किसम की कविता नहीं चलेगी। जोश-खरोश की बात लिखनी होगी। मज़दूर भूखा है, किसान नंगा है, पूँजीपति पेटू है। तुम कुछ जानता भी है?"

हाथ जोड़कर मैंने कहा, "सोइ जानै जेहि देहु जनाई।"

उसी दफ़्तर में बारह साल काम करते-करते एक दिन जान पड़ा कि मज़दूरों और किसानों की समस्या हल हो गई क्योंकि उस दिन ये शब्द सुन पड़े :

"सुनो, कैरा सुनो
क्या मेरी आवाज़...!"

उस दिन मैंने एक विस्तृत पत्र में अपने गुरुदेव को पूरी बात स्पष्ट रूप से लिखी :

"सुनो, गुरुदेव, सुनो,

"क्या मेरी आवाज़ तुम तक पहुँचती है?

"मैं अब प्रयोग करने लगा हूँ। आज मैंने एक कविता में अस्पताल का प्रयोग किया है। डिसइन्फेक्टेंट, ऐंटीबाइटिक्स, ऐनीस्थीशिया, क्लोरोमाइसिटीन आदि शब्द कल सीखे थे। इनका इस्तेमाल इस एक कविता में आज दिखाया है। अब एक कविता मुझे रात के झिलमिले तारों पर लिखनी है। उसमें इंजीनियरी का प्रयोग करना पड़ेगा। गुरुदेव, बचपन में सड़क कूटने के कारण, दरेसी, गैंग आदि शब्द तो मुझे आते हैं पर कोई लम्बा शब्द याद

नहीं है। सुनते हैं ट्यूबवेल बनाने की मशीन में कई पुर्जों के अद्भुत नाम हैं। आप किसी मिस्त्री से पूछकर लिख भेजने की कृपा करें।

"साथ ही साथ, गुरुदेव, अब नई कविता का नाम भी सुनने में आने लगा है। पर इस मोर्चे पर भाग्य, 'मारेसि मोंहि कुठाउँ।' नई कविता लिखने के लिए, सुनते हैं, पढ़ना तो बहुत पड़ता है और फिर सब पढ़कर लिखना ऐसा पड़ता है कि कवि के पढ़े-लिखे होने का आभास तक न मिले। सो, गुरुदेव, पढ़ाई की बात सुनते ही, 'सीदन्ति मम गात्राणि, वेपथुश्चोपजायते।' मुँह सूख रहा है, राह नहीं दीख पड़ती। कुछ बताइए कि अब क्या करें और क्या लिखें?

"आप कहते हैं कि बार-बार अपने को बदलकर मैंने बुरा किया। गुरुदेव, इसी कारण मुझे आलोचक समन्वयवादी कहते हैं। आपने 'अवसरवादी' शब्द का प्रयोग अशुद्ध रूप से किया है। राजनीति का यह शब्द साहित्य में प्रयुक्त नहीं हो सकता। आपने ही सिखाया था, 'काव्यं यशसे'। सो जहाँ जैसा यश मिला वहाँ वैसी कविता की। 'अर्थकृते', अतः जहाँ दो पैसे का डौल लगा, वहाँ जाकर काव्य लिखा। यह शास्त्रोक्त कर्म था। इसमें कौन-सा कुकर्म है, गुरुदेव?

"और सच तो यह है कि मेरी कविता बदली, पर मैं नहीं बदला। 'जग बदलेगा, किन्तु न जीवन।' सदानन्द था। सदानन्द रहा। सवैया लिखकर भी 'सदेश' नहीं बना। 'सरस्वती' में छन्द छपाकर भी सदानन्दशरण नहीं कहलाया। सरस्वती प्रेस तक जाकर भी मैं कामरेड सिद्धू नहीं हुआ। अब नई कविता लिखूँगा। पर सदानन्दायन नहीं बनूँगा। यश बढ़ता रहे, अर्थ बढ़ता रहे, राजसम्मान बढ़ता रहे, पर नाम वहीं का वहीं रहेगा। इसी में आनन्द है। सदानन्द हूँ। सदानन्द रहूँगा।"

यथार्थ

स्वर्णग्राम और वर्षा

कल की बात है। रेडियो से 'रिमझिम परत फुहार' नाम संगीत रूपक हो रहा था। कहानी ऐसे गढ़ी गई थी :

एक कवि था। उसकी एक कल्पना थी। वाजिब था कि वे संगीत में बातचीत करते। उतना न कर सके तो दोनों ने पद्य में बातचीत की। जब पानी बरसा तो कवि को शहर में बड़ी निराशा हुई, क्योंकि वहाँ ईंट, चूने व सीमेंट के मकान थे। सड़कें थीं। नालियाँ थीं। प्रकृति की कोई भी कद्र नहीं थी। 'दादुर, मोर, पपीहा बोले' वाला डौल न था। अब कवि क्या करे? कविता निकलती है केवल दादुर, मोर, पपीहा की लाइन में खड़े होने पर, अर्थात्, उनसे तादात्म्य स्थापित करके। इसलिए कवि ने कल्पना को डाँटा कि वह उसे शहर में क्यों घुमा रही है। कल्पना कवि के 'राज़' को जानती थी।

कल्पना कवि को गाँव ले गई।

अब आप आँख मूँदकर रीतिकालीन साहित्य को कपड़छान करके उसकी गोलियाँ खा लीजिए। 1955[1] ने आपको जो कुछ बताया है उसे भूल जाइए।

1. इस लेख का लेखन-काल।

श्री मैथिलीशरण गुप्त की 'अहा ग्राम्य जीवन भी क्या है' की चौपाइयाँ हनुमान चालीसा जैसी रट डालिए। पन्त जी की 'ऊँची अरहर में लुका-छिपी' वाला खेल सीख लीजिए और कवि की आँखों में बैठ जाइए।

किसी खेत के एक कोने में बिरहिन खड़ी रो रही है। मतलब यह है कि गा रही है। बिरहिन वर्षाऋतु में बहुतायत से पाई जाती हैं। वे गाँवों ही में रहती हैं। शहरों में इसलिए नहीं रहतीं कि वहाँ पर 'डगर जोहने' की गुंजाइश नहीं। वहाँ डगर नहीं, सड़कें होती हैं। बिरहा की आग लगाने के लिए पपिहरा की बोली सुनना लाजिमी है। इसलिए गाँव में बिना रहे काम नहीं चलता। 'झंझा' भी गाँवों में ज़रा ज़ोर से सनसनाती है। इसलिए बिरहिन कवि को गाँव में मिली, शहर में नहीं।

कवि ने वहाँ झूला भी देखा! 'मदमाती युवतियाँ खिलखिलाकर हँस रही थीं।' शहर में एक तो युवती नहीं होती हैं, अगर होतीं तो कवि को गाँव न जाना पड़ता। होती भी होंगी, तो मदमाती नहीं हो सकतीं। अग़र जैसे-तैसे मदमाती भी हो गईं तो खिलखिलाकर हँस नहीं सकतीं।

तो कवि ने खिलखिलाती युवतियाँ देखीं। अब जब ऐसी युवतियाँ हों तो उनमें एक झेंपनेवाली, कम हँसनेवाली युवती भी होनी चाहिए। सब युवतियाँ सखियाँ हैं। वह झेंपू लड़की हीरोइन है। यह सब नया नहीं है। अल्फ्रेड कम्पनी के नाटकों में 'रम्भा का सखियों के साथ आना' से लेकर आज तक के बम्बइया फ़िल्मों में एक्स्ट्राज के झंड देखनेवाले मेरी बात समझ जाएँगे।

कवि ने उनसे बारहमासे और मौसमी चीज़ें सुनीं।

खेतों में किसानों के जत्थे 'मेघराज, मेघराज, मेघराज' कहकर गा रहे थे। सिनेमा में देखा होगा कि तूफ़ान आने के पहले 'माँझी' लोग (माँझी शब्द टेकनिकल है) या, किसी दुर्घटना होने के पहले कुछ आवारे, एक ख़ास आवाज़ में बड़ी गम्भीरता के साथ गाते हैं। किसान भी कुछ इसी प्रकार गा रहे थे। सिनेमा में ऐसे कोरसों में एक स्वर पर दूसरा स्वर चढ़ा रहता है। दो-एक गानेवाले सिर्फ़ 'होशियार! होशियार!' 'जाऽऽ तूऽऽऽऽ!

जाऽऽ तूऽऽऽ' दोहराते रहते हैं। एक गानेवाला डरानेवाली आवाज़ में सिर्फ़ आऽऽऽ का अलाप खींचता है। सुननेवाले को सहमा देना ही इन कोरसों का उद्‌देश्य माना गया है। इस भावना को और बढ़ाने के लिए गीत की टेक के तरीके से 'मँडोला गँडोला डोला' 'चीम पाम, चीम पाम' जैसे मंत्र बीच में गाये जाते हैं। ऐसे ही मंत्र के साथ आरकेस्ट्रा समाप्त हो तो कोरस सफल माना जाता है।

जो किसान खेत में गा रहे थे, वे गा इसी टेकनीक से रहे थे। सिर्फ़ मंत्र नहीं फूँकते थे। कवि ने समझ लिया कि किसान परम प्रसन्न हैं। यानी, लड़के हँस-खेल रहे थे। नदी-नाले रस से भरे ब्रह रहे थे। हरियाली छिटकी थी। पवन डोल रहा था। रिमझिम फुहार पड़ रही थी।

यह भी न भूलिए कि इसी बीच दादुर, मोर, पपीहा, बिरहिन आदि अपना-अपना पुश्तैनी काम कर रहे थे।

तब कवि को विश्वास हो गया कि उसकी कल्पना उसे ठीक जगह ले आई है।

कुछ बातचीत के बाद संगीत-रूपक यहीं समाप्त होता है।

अब कल्पना को फिर बुलाइए। लीजिए यह आ गई।

इसकी मदद से कवि को इसी गाँव में एक किसान के घर में रख दीजिए। उसके हाथ में वही अठारहवीं सदीवाली सरकंडे की कलम और काली स्याही की दावात पकड़ा दीजिए। अब उसे चौबीस घंटे तक यही सरकंडे की कलम पकड़े हुए गाँव की गलियों में घूमने दीजिए।

रात हो गई है। मोर, पपीहा बोल रहे हैं। पर वे दूर हैं। दादुर नज़दीक ही बोल रहे हैं। 'वेद पढ़ें जनु बटु समुदाई।' पर एक दादुर का वेदपाठ ऐसे उदात्त-अनुदात्त में उलझ जाता है कि कवि चौंक उठता है।

एक साँप ने वेदपाठी दादुर को ग्रस लिया है। कवि को उपमा नहीं ढूँढ़े मिलती। वह चीत्कार कर उठता है। यह चीत्कार विरह-बिथावाले चीत्कार से भिन्न है।

साँप मारा गया।

इसके बाद 'झिल्ली झनकारें।' साथ ही, 'मच्छर रोर करें।' ये मच्छर कवि की सोई हुई कल्पना को जगाने के लिए विशेष उत्सुक हैं। उसके कान पर बार-बार बैठकर वर्षा-मंगल गा रहे हैं। उसके कोमल कपोलों को अपने कोमलतर स्वप्निल पंखों से छू रहे हैं। उसके सम्पूर्ण अस्तित्व को आत्मसात् किए ले रहे हैं। कवि की कल्पना फिर भी हँस नहीं पाती। उसी दुःख में वह कभी अपने कान खींचता है, कभी अपने मुँह पर चपतें मारता है, कभी पैरों में चुटकी काटता है। केवल ज़हर पीकर आत्महत्या नहीं करता। (जैसा कि कभी-कभी बिरहिन करती है।)

ख़ुदा को जब देना होता है तो पानी की धार तक छप्पर फाड़कर देता है। कवि चारपाई से उठना चाहता है। उठता है। जूतों में पैर डालते ही अँगूठे के पास कुछ 'मृदुल-मृदुल, कोमल-कोमल' अनुभव होता है। एक जूते में चिर-परिचित दादुर विश्राम कर रहा है। दूसरे में डंक उठाए एक बिच्छू अपना कर्तव्य निभाने को आकुल बैठा है। (यहाँ यह बात तबीयत में उठ सकती है कि इस डंक का प्रयोग कवि के अँगूठे पर करा दिया जाए। पर यह वर्णन कुछ देर तक और चलाना है।)

आप यहीं घबरा गए? 'स्वर्णिम उषा' देखना चाहते हैं? अच्छी बात है, झंझा-झकोर, गर्जन से लेकर मच्छर-मक्खी तक छोड़ दीजिए, सिर्फ़ एक प्राणी से परिचय कर लीजिए।

वर्षा से दो प्राणी विशेष प्रसन्न होते हैं, कवि और चोर। चोर के लिए आदर्श अवसर है। गाँव है, थाना दूर है। पुलिस पहरे का डर नहीं है। आने-जाने के रास्ते बन्द हैं। दीवालें आधी ढह गई हैं। जो समूची हैं, वे बरसात की नमी में सेंध का स्वागत करने को पिछवाड़े की ओर झुक गई हैं। झंझा की मार से थककर रात के तीन बजे किसान खर्राटे ले रहा है। गाते-गाते बिरहिन की औकात जवाब दे गई है। कवि कल्पना, निद्रा और मदहोशी के तिताले पर नाचता हुआ मिट्टी के संसार से दूर घूम रहा है, यानी 'बिचर' रहा है।

अब न चूक चौहान।

भूल जाइए, "यहाँ उचक्के चोर नहीं हैं।"

स्वर्णिम उषा फूटी। (उषा हमेशा 'फूटती' है, आती नहीं है)। किसान 'मेघराज, मेघराज' भूलकर थाने पर जा रहा है। चोरी की रिपोर्ट लिखानी है। कवि का सौभाग्य है कि किसी ने उसे ही चोर के खाने में नहीं लिखाया। वह अपने पड़ोसी को लिखाएगा, उससे पुश्तैनी दुश्मनी है।

किसान को इस बेईमानी का पता तब चलेगा जब उससे अदालत में पूछा जाएगा कि उसके घर में उसकी बाईस साल की लड़की है और सफ़ाई में कहा जाएगा कि रामजियावन चोरी करने नहीं गया था बल्कि इस लड़की के बुलाने से ही किसान के घर में आया था। फैसला भी यही होगा। रामजियावन छूट जाएगा। किसान की सात पीढ़ियाँ कलंकित हो जाएँगी।

बारिश शुरू हुई।

दिन-भर खेतों की मेंड़ बाँधने के सिलसिले में दस फ़ौजदारियाँ हुईं। (मरे फ़ौजदारी की नानी) एक खेत का पानी दूसरे खेत से निकालने के सिलसिले में पन्द्रह और एक के परनाले का पानी दूसरे की छत से निकलने पर बीस और फ़ौजदारियाँ हुईं। खेत जोतने के दिन आए। अतः मज़बूत लोगों ने कमज़ोर लोगों के खेत ज़बर्दस्ती छीनने शुरू किए। मुक़दमेबाजी प्रारम्भ हुई। (दीवाना करती दीवानी।)

कवि डेरी के मक्खन का अभ्यासी है। यहाँ मक्खन नहीं मिलता। दूध इन्हीं डेरियों में जाता है। कवि का पेट गाँव का अन्न खाकर जवाब दे गया।

चार कोस पर धन्वन्तरी रहते हैं। वे पहले कम्पाउंडर थे। दवाओं की चोरी के जुर्म में निकाल दिए गए थे। लेकिन उन्हें भी बुलाना कठिन है।

और, कपड़े-लत्ते, खाने-पीने और दवा-दारू की समस्या!

कवि यह सब नहीं सोचता। यह काम राजनीति और अर्थशास्त्र से मतलब रखता है।

अब कवि की कल्पना मूर्च्छित हो गई। उसे होश में लाने के लिए लैला-मजनू, शीरी-फरहाद की कहानियाँ पढ़नी होंगी। ताजमहल के चक्कर लगाने पड़ेंगे। बिरहिन के आँसुओं से नहलाना पड़ेगा।

आया था कल्पना के यान पर। लौटा पैदल।

रास्ते में रिमझिम फुहार के मारे नाक में दम था। कीचड़ व पानी के बीच में चलना कुम्भीपाक जैसा लग रहा था। कवि ने शुद्ध बंगाली ढंग से पहनी हुई धोती ऊपर चढ़ाई, फिर चलना शुरू किया।

अँधेरा हो गया। तब कवि को लगा कि कोई भी उसकी गर्दन दबाकर उसकी पर्स छीन सकता है। उसे 'मुद्दई' बना सकता है। कोर्ट में उससे उसके खानदान की महिलाओं की अवस्था और गुण पुछवा सकता है।

तब सत्य का दर्शन हुआ।

एक दादुर यानी मेढक, एक गढ़े में बैठा हुआ टर्र-टर्र कर रहा था। कीचड़ में सना, परमहंस जैसा, वर्षा के उत्पात से अनजान। वह और उसके पुरखे सनातन से यही बोल बोलते आए थे। कवि ने समझा कि वर्षा पर जो बोल वाल्मीकि के काल से बोले गए हैं, उन्हीं को रटते-रटते कवि ने अपने-आपको कहाँ पहुँचा दिया है।

आदर्श

दो पुराने आदमी

कुछ दिन हुए, रामानन्द जी और राकेश जी अपने-अपने पेशे से रिटायर होकर सिविल लाइन्स में बस गए थे। अपने यहाँ का चलन है कि रिटायर होने के बाद और इस लोक से ट्रांसफर होने के पहले बहुत से लोग सिविल लाइन्स में बँगले बनवा लेते हैं। इन्होंने भी वहाँ अपने-अपने बँगले बनवा लिये।

रामानन्द जी किसी समय में चोरी किया करते थे। वे पुराने स्कूल के चोर थे, इस कारण उनका विश्वास तांत्रिक क्रियाओं में भी था। बाद में चोरी सिखलाने के लिए उन्होंने एक नाइट स्कूल भी खोला। कुछ समय बीतने पर चोरी के माल के क्रय-विक्रय की उन्होंने एक दुकान कर ली। इस सबसे अब वे रिटायर हो चुके थे और अपने को रिटायर कहा करते थे।

राकेश जी रिटायर तो हो चुके थे, पर चूँकि वे कवि थे इस कारण वे अपने को रिटायर मानने को तैयार न थे। कभी उन्होंने एम.ए. पास किया था; और फिर वे एक कॉलेज में प्रोफ़ेसर हो गए थे। उस पेशे में तो वे ज़्यादा नहीं चल पाए पर कवि की हैसियत से उन्हें ऊँचा स्थान मिल गया था। अर्थात् अब तक उनके पास अपनी कविताएँ थीं, अपने प्रकाशक थे, अपने ही आलोचक थे,

अपने ही प्रशंसक और पुरस्कारदाता थे। इधर कुछ आलोचक उन्हें कविता के क्षेत्र में भी रिटायर कहने लगे थे।

दोनों पड़ोसी थे। दोनों को एक-दूसरे के पुराने व्यवसाय का ज्ञान था। उनमें मित्रता हो गई। दोनों प्रायः हर बात में एकमत रहते थे। दोनों यही समझते थे कि इस युग में योग्यता और कला का ह्रास हो रहा है और आज की पीढ़ी बिलकुल जाहिल, निरर्थक और अयोग्य है।

इसीलिए एक दिन लॉन में टहलते-टहलते राकेश जी ने कहा, "आज की पढ़ाई में रखा ही क्या है? मैं आठवें दर्ज़े में हिन्दी कविता का अर्थ अंग्रेज़ी में लिखता था। अब बी.ए. में अंग्रेज़ी कविता का अर्थ हिन्दी में लिखाया जाता है।"

रामानन्द जी बोले, "आप ठीक कहते हैं। हमारे ज़माने में कुछ लोग फ़र्श पर डंडा ठोंककर ज़मीन में गड़े हुए धन का हाल जान लेते थे। आज के दिन सामने कपड़े से ढकी तिजोरी रखी रहती है और लोग उसे मेज़ समझकर बिना छुए ही निकल जाते हैं।"

राकेश जी ने कहा, "और जमकर साधना करने का तो समय ही चला गया है। आजकल...।"

बात काटकर रामानन्द जी बोले, "साधना अब कौन कर सकता है? हम लोगों ने अमावस की रात में मसान जगाया था। मुर्दे की खोपड़ी में चावल पकाकर उसे जिस घर में डाल देते वहाँ का माल...।"

राकेश जी ने जल्दी में कहा, "नहीं-नहीं, वैसी साधना से मेरा मतलब नहीं है। मैं साहित्य-साधना की बात कर रहा हूँ। आजकल लोग व्याकरण, पिंगल, काव्यशास्त्र का नाम तक नहीं जानते और नई-नई बातों के आविष्कारक बन जाते हैं। कोई दो-दो पंक्तियों को लिये मुक्तक लिख रहा है, और अतुकान्त चला रहा है, कोई क्रियाओं के नये-नये प्रयोग भिड़ा रहा है : और पूछ बैठिए कि अकर्मक क्रिया और सकर्मक क्रिया में क्या भेद है तो अंग्रेज़ी बोलने लगेंगे।"

एक गहरी साँस खींचकर रामानन्द जी बोले, "आप सच कहते हैं, अपने यहाँ भी यही दशा है। दीवाल की कौन कहे, काग़ज़ पर कायदे की सेंध नहीं

लगा सकते और बात करेंगे सिटकनी खोलने की, रोशनदान तोड़ने की, जेब काटने की। नई-नई तरकीबों की डींग हाँकेंगे। और पुरानी...।"

राकेश जी अपनी धुन में कहते गए, "और विनम्रता तो रही ही नहीं। कुछ सिखाओ तो सीखेंगे नहीं। कुछ बताओ तो बिना समझे-बूझे अकड़ने लगेंगे। आज के साहित्यिक, साहित्यिक नहीं—लठैत हैं, लठैत।"

रामानन्द जी समर्थन करते हुए बोले, "साहित्यिकों के क्या पूछने राकेश जी। यहाँ तो अबके चोर, चोर नहीं रहे। वे तो डकैत हैं, डकैत। अपना पुराना तरीका तो यह था कि घर में घुसे और बच्चे ने खाँस दिया तो विनम्रतापूर्वक बाहर निकल आए। पर आजकल के ये लोग किसी को जागता हुआ पा जाएँ तो..." सहमकर उन्होंने वाक्य पूरा किया, "बाप रे बाप..."

अब राकेश जी उत्साहित हो गए और बोले, "ये सब जाहिल हैं, निरर्थक हैं। पहले तो लिखते-लिखते हाथ ऐसा मँज जाता था कि पाठक बिना पढ़े ही दूर से समझ जाते थे कि अमुक कवि की कविता है। उस पर उनका व्यक्तित्व झलकता था...।"

रामानन्द जी ने धीरे से कहा, "यही तो। सेंध की शक्ल देखकर लोग कह देते थे कि यह फलाँ ने लगाई है। अब तो सिटकनी खुली पड़ी है..."

उपमा राकेशजी को पसन्द आ गई। बोले, "हाँ, आजकल यही तो है ही। साहित्य के दरवाज़े की सिटकनी अन्दर से खोल-खोलकर न जाने कितने लोग घुस आए हैं।"

बिना समझे हुए रामानन्द जी ने कहा, "जी हाँ, पहले तो सेंध का ही चलन था।"

राकेश जी ने जल्दी से कहा, "जी, आप मेरा मतलब नहीं समझे। मैं कह रहा था कि...।"

अकस्मात् उन्होंने चौंककर कुरते की जेब पकड़ ली। रामानन्द जी का हाथ उनकी मुट्ठी में आ गया। नाराजगी से राकेश जी बोले, "यह क्या? आप मेरी जेब काट रहे थे।"

रामानन्द जी ने विनम्रता से हाथ छुड़ाकर कहा, "यही समझ लीजिए। बात यह है कि...बात यह है कि ये नौसिखिए कुछ काम तो बड़ी सफ़ाई से कर दिखाते हैं। मैं आपस में वही देख रहा था कि यह जेबवाला काम मुझसे भी चल पाता या नहीं।

राकेश जी नर्म पड़े। बोले, "देख लिया आपने।"

बिना उत्साह के, रामानन्द जी साँस खींचकर बोले, "देख लिया राकेश जी, यह सब अपने बस-बूते की बात नहीं। जो हमने कर लिया वह आजवाले नहीं कर पाते हैं। पर इनके भी कुछ ऐसे खेल हैं जो हम नहीं खेल पाते। अपना-अपना ज़माना है।"

सहसा राकेश जी बिगड़कर बोले, "यह सब आप ही के यहाँ चलता होगा। अपने यहाँ तो अब भी जो कहिए, करके दिखा दूँ। रामानन्द जी, यह तो करने की विद्या है। चाहे कवित्त हो, चाहे कविता हो, या हो नई कविता। लिखूँगा तो आजकलवालों से अच्छा ही लिखूँगा।"

रामानन्द जी राकेश जी की ओर देखते रहे। उनमें कभी मतभेद नहीं हुआ। पहली बार उन्हें लगा कि कुछ ऐसी भी बातें हैं जहाँ उनकी राय हमेशा एक नहीं होगी।

कथाएँ

पहली चूक

उत्तम खेती मध्यम बान
अधम चाकरी भीख निदान।

यह कहावत पहले मैं कई बार सुन चुका था। अब हुआ यह कि बी.ए. पास करने के बाद मुझे अधम चाकरी मिली ही नहीं। इसलिए उसे भीख निदान समझकर मैंने खेती के उत्तम व्यवसाय में हाथ लगाना चाहा और अपने गाँव चला आया।

मेरे चचा ने मुझे समझाया कि खेती का काम है तो बड़ा उत्तम, पर फारसी पढ़कर जिस प्रकार तेल नहीं बेचा जाता वैसे ही अंग्रेज़ी पढ़कर खेत नहीं जोता जा सकता। इस पर मैंने उन्हें बताया कि यह सब कुदरत का खेल है क्योंकि फारस में तेल बेचनेवाले संस्कृत नहीं पढ़ते, फारसी ही पढ़ते होंगे और इंग्लैंड के किसान सिर्फ़ अंग्रेज़ी ही नहीं बोलते, खेत भी जोतते हैं।

चचा बोले, "बेटा, यह खेती का पेशा तुमसे नहीं चलेगा। यह तो हम जैसे जाहिलों के लिए है। इसमें तो दिन-रात पानी और पसीना, मिट्टी और गोबर से खेलना पड़ता है।"

इस पर मैंने जवाब दिया कि यह शरीर ही मिट्टी का बना हुआ है और गोबर तो परम पवित्र वस्तु है। मिट्टी का स्थान यदि पंचभूत में है तो गोबर का स्थान पंचगव्य में है।

मेरे मुँह से पवित्रता की बात सुनते ही चचा दंग रह गए। आसपास बैठे हुए लोगों में 'धन्य है, धन्य है' का नारा लग गया। तब मैंने फिर कहना शुरू किया, "और चचा, यह खेती जाहिलों का पेशा नहीं है। बड़ों-बड़ों ने इसकी प्रशंसा की है। कार्लाइल ने इस पर लेख लिखे हैं, टॉलस्टाय तो स्वयं किसान ही हो गया था, वाल्टेयर ख़ुद बागबानी करता था, ग्लैडस्टन लकड़ी चीरता था। अपने देश में भी गौतम जैसे ऋषि गेहूँ बोते थे। वैसे तो, कन्दमूल-फल खाने के कारण उनकी दिलचस्पी हॉर्टिकल्चर में थी और वे ज़्यादातर फल और शकरकन्द ही पैदा करते थे। इसलिए खेती को उत्तम मानना ही चाहिए। मैं कल से खेती करूँगा। मेरा यही फ़ैसला है।"

मेरे चचा मेरी बात से प्रभावित तो हुए पर बोले, "बेटा, खेती तो करोगे पर इतना समझ लो कि खेतों के आसपास न तो कॉफ़ी हाउस होते हैं, न क्लब; सिनेमाघरों की गद्देदार कुर्सियों की जगह अरहर की ठूँठियों पर घूमना-फिरना होता है।"

यहाँ मैं आपको बता दूँ कि मुझे सिनेमा का बड़ा शौक़ है। वह इसलिए कि सिनेमा खेती की उन्नति का एक अच्छा साधन है। सिनेमा द्वारा खेती का बड़ा प्रचार हुआ है। बड़े-बड़े हीरो खेत जोतते जाते हैं और गाते जाते हैं। हीरोइन खेत पर टोकरी में रोटी लेकर आती है। हरी-भरी फसल में आँखमिचौनी का खेल होता है। फसल काटते समय हीरोइन के साथ बहुत-सी लड़कियाँ नाचती हैं और गाती भी हैं। वे नाचती जाती हैं और फसल अपने आप कटती जाती है। ऐसे ही मधुर दृश्यों को देखकर पढ़े-लिखे आदमी गाँवों में आने लगते हैं और खेतों का चक्कर काटने लगते हैं। इस प्रकार सिनेमा द्वारा खेती की शिक्षा मिलती है। सच पूछिए तो खेती करने की सच्ची शिक्षा मुझे भी सिनेमा से ही मिली थी।

दूसरे दिन चचा ने मुझसे खेतों पर जाकर काम करने के लिए कहा। मैंने पूछा, "खेत कहाँ पर हैं।"

उन्होंने कहा, "गाँव के दक्खिन की ओर, रमेसर की बाग़ के आगे से गलियारा जाता है। गलियारे से पश्चिम एक राह फूटती है। राह से उत्तर एक मेंड़ जाती है, मेंड़ के पूरब गन्ने का एक खेत है। गन्ने के खेत के पास बाजरा खड़ा है। वहीं अपने खेत जोते जा रहे हैं। तुम वहीं जाकर काम देखो।"

मैं चल पड़ा। कुवार का महीना था। आसमान पर हल्के-हल्के बादल थे। ताड़ और खजूर के पेड़ हिल-हिलकर एक-दूसरे के गले मिल रहे थे। सब कुछ सिनेमा जैसा लग रहा था। तभी आगे एक कुआँ दीख पड़ा। सिनेमा में हीरोइन कुएँ पर पानी भरती है और हीरो खेत की ओर जाते हुए उससे बातें करता है। मैंने रुककर सीटी बजाई पर कुआँ सुनसान था। किसी के पायल नहीं झनके, न कोई घड़ा टूटा। इसी तरह पूरा रास्ता कट गया। न खेतों में आँखमिचौनी का दृश्य दीख पड़ा, न हीरो ने बाँसुरी बजाई। न हीरोइन ने गाना सुनाया। न खेतों में किसानों ने कोरस गाये। मुझे देहात से बड़ी निराशा हुई। चुपचाप मैं अपने रास्ते पर चलता गया।

अब मैं ऐसी जगह पहुँचा जहाँ मेरे खेत होने चाहिए। चचा ने बताया था कि वहीं गन्ने का खेत है और वहीं बाजरा खड़ा है। मैं गन्ने के बारे में ज़्यादा नहीं जानता था। इसलिए बाजरे का सहारा लेना पड़ा। एक मेंड़ पर एक अधेड़ किसान खड़ा हुआ था। उसके पास जाकर अपना गाना बन्द करते हुए मैंने पूछा, "आपका नाम बाजरा तो नहीं है?"

किसान ने मेरी ओर घूरकर देखा, फिर घबराहट के साथ पूछा, "यह आप पूछ क्या रहे हैं? मेरा नाम तो रामचरन है।"

मैंने रामचरन के कन्धे पर हाथ रखकर सार्वभौमिक मित्रता के भाव से कहा, "तो भाई रामचरन, मुझे बताओ यह बाजरा कौन है? कहाँ रहता है? यह खड़ा कहाँ है? इसे क्यों खड़ा किया गया है?" मेरी बात सुनते ही रामचरन ज़ोर से हँसने लगा। आसपास काम करते हुए किसानों को पुकारकर उसने कहा,

"यह देखो, ये भैया तो बाजरा को आदमी समझ रहे हैं।" दो-तीन किसान हँसते हुए वहीं आ गए। मैं समझ गया कि मुझसे चूक हो गई। इसलिए बात पलटते हुए मैंने कहा, "ओ, मैं तो हँसी कर रहा था। दरसअल मैं तो बाजरे के पेड़ की छाँह ढूँढ़ रहा हूँ। उसी पेड़ के पास मेरे चचा के खेत हैं।"

इस बार वे किसान कुछ और ज़ोर से हँसे। मुझे भी झेंप-सी लगी। पर मैंने हँसकर इस बात को टाल दिया।

दूसरे दिन से ही मुझे इस बात की चिन्ता हुई कि ऐसी चूक मुझसे कहीं दोबारा न हो जाए। इसलिए कृषि-शास्त्र की मोटी-मोटी किताबें मँगवाकर मैंने उनका अध्ययन आरम्भ कर दिया। गाँव से मैं हताश हो गया था। यहाँ वह था ही नहीं जो मैंने रुपहले पर्दे पर देखा था। फिर भी मैं अध्ययन करता रहा। अध्ययन करते-करते मैं इस नतीजे पर पहुँचा कि आदर्श खेती गाँव में हो ही नहीं सकती, वह शहर ही में होती है। यह सब इस प्रकार से हुआ।

मुझे बीज और खाद ख़रीदने के लिए बीज-गोदाम जाना पड़ा। बीज-गोदाम के कर्मचारी शहर गए हुए थे। इसलिए मैं भी शहर चला गया। दूसरे दिन मुझे अपने खेतों में अच्छे हलों से जोताई करानी थी। अच्छे हल शहर में मिलते हैं। इसलिए मैं फिर शहर पहुँचा। तीसरे दिन मुझे नहर में एक नया पाइप लगवाने की ज़रूरत जान पड़ी। उसके लिए नहर के बड़े इंजीनियर का हुक्म लेना पड़ता है। वे शहर में रहते हैं। इसलिए मैं फिर शहर गया। चौथे दिन कुछ कीटाणुनाशक दवाइयाँ ख़रीदने के लिए मुझे शहर का चक्कर लगाना पड़ा। फिर मुझे कृषि विभाग के एक कर्मचारी की शिकायत करने के लिए शहर जाना पड़ा। उसके बाद में मैं जितना ही खेती की समस्याओं को समझता गया, उतना ही शहर जाने की आवश्यकता बढ़ती गई। इसलिए एक दिन मैंने कृषि-शास्त्र की सब किताबें एक बैग में बन्द कीं, और अपनी कार्डुराय की पतलून और रंग-बिरंगी छापेदार बुशर्ट पहनी, फेल्ट कैप लगाई और चचा से कहा, "देखिए, यह खेती का काम ऐसा है कि बिना शहर गए इसे साधना कठिन है। इसलिए मैं शहर जा रहा हूँ। वहीं रहूँगा और वहीं से वैज्ञानिक ढंग की खेती करूँगा।"

चचा ने प्रसन्नतापूर्वक हँसकर कहा, "जैसे खूँटे से छुटी हुई घोड़ी भूसे के ढेर पर मुँह मारती है, जैसे धूप में बँधी हुई भैंस तालाब की ओर दौड़ती है, वैसे ही तुम्हारा शहर की ओर जाना बड़ा ही स्वाभाविक और उचित है। मैं आदमी पहचानने में कभी चूक नहीं करता। पर तुम्हें पहचानने में ही मुझसे पहली चूक हुई है। जाओ, शहर ही में रहकर खेती करो।"

मैंने भी प्रसन्न मुद्रा में कहा, "नहीं चचा! चूक आपसे नहीं हुई, पहली चूक तो मुझी से हुई थी जो मैंने बाजरे को पहले आदमी समझा और बाद में उसे छायादार पेड़ समझता रहा। पर कोई बात नहीं। अब मैं शहर में रहकर बाजरे के विषय में अपनी रिसर्च करूँगा और बताऊँगा कि किस खाद के प्रयोग से बाजरे की लताओं में मीठे और बड़े-बड़े फल लाए जा सकते हैं।"

इस प्रकार हम दोनों ने प्रसन्नतापूर्वक एक-दूसरे से विदा ली। मैं सीटी बजाता हुआ स्टेशन की ओर चल दिया और वे बैलों की पूँछ उमेठते हुए खेत की ओर चले गए।

दुभाषिए

जब श्रीमान् तथा श्रीमती खन्ना अपने दो मनोहर बच्चों के साथ श्रीमान् तथा श्रीमती लाल के सजे-बजे ड्राइंगरूम से बाहर आए तो श्रीमती लाल ने श्री खन्ना से स्नेह-भरे स्वरों में कहा, "शाम को ऐसे ही आ जाया कीजिए, भाई साहब। आप तो जानते ही हैं कि यहाँ का रहना जेलख़ाने जैसा रहना है। आप लोगों के साथ दो-चार घड़ी हँस-बोलकर...।"

तभी श्रीमान् खन्ना के अष्टवर्षीय पुत्र ने लाल महाशय से कहा, "अंकल जी, कल आप लोग आइएगा न? पिक्...निक्...।"

'पिक्' और 'निक्' के अगले भाग पर ज़ोर देकर और पिछले भाग को भारहीन बनाकर कुमार खन्ना ने लोगों को हँसाने की गरज से ऐसा शब्द निकाला कि लोग हँस पड़े।

फिर 'गुडनाइट', 'गुडनाइट', 'टाटा', 'टाऽऽऽऽटाऽ', 'बाई-बाई', 'गुडनाइट', 'ओल्ड ब्वाय', 'नमस्ते अंकल', 'आंटी टा टा,' फिर मोटर के इंजन का शब्दहीन शब्द, सामने की साफ़-सुथरी क्यारियों, फूलों-भरी रविशों पर मोटर की मखमली रोशनी, पीछे की लाल बत्तियों का बढ़ना, धीमा होना,

बाहर सीमेंट की सड़क पर हल्की सरसराहट। बरामदे में केवल लाल-परिवार रह गया।

लम्बी साँस खींचकर लाल महाशय ने कहा, "बेईमान कहीं का! आया था मोटर दिखाने। हम भी दो-दो रुपये मिस्त्रियों से वसूलते होते तो ऐसी दस मोटरें खरीद लेते।"

सुनकर श्रीमती रत्ना लाल हँसने लगीं! बोलीं, "इस तरह बिगड़ने की क्या बात है? अपनी पुरानी मोटर ही क्या बुरी है?"

इस बात का विचार करके कि खन्ना की बेईमानी और उनकी ईमानदारी का हाल सुननेवाली उनकी पत्नी ही रह गई है, लाल महाशय ने विषय बदल दिया और एक निरर्थक बात कही, "कोई बात नहीं है रत्ना। अपना-अपना ज़माना है।"

श्रीमती रत्ना अर्थपूर्ण भाव से हँसने लगीं।

वे बँगले के अन्दर जाने लगे तभी सामने से आता हुआ एक दुबला-पतला आदमी दिखाई दिया। लाल महाशय बोले, "गुप्ता हैं क्या?"

गुप्ता वहीं से बोला, "जी हाँ, मैं ही हूँ...पर कोई बात नहीं, मैं सवेरे आ जाऊँगा, आपके खाने का वक़्त हो गया होगा।"

वे बोले, "नहीं-नहीं, आ जाओ।"

लॉन में कुर्सियाँ पड़ गईं। वे बैठे। श्रीमती लाल, जो अब तक भुनभुना रही थीं, "अजीब लोग हैं, आधी रात को चलते हैं," निकट आकर बैठ गईं और आत्मीयता के साथ पूछने लगीं, "कहिए गुप्ता जी, आपकी बच्ची के क्या हाल हैं?"

गुप्ता जी की बच्ची को बहुत दिन हुए साधारण-सा ज्वर आया था, और बहुत दिन हुए, वह ठीक भी हो गई थी। बिना समझे ही उसने कहा, "वह बिलकुल ठीक है, थैंक्यू।"

लाल महाशय ने बैठते ही पूछा, "खन्ना का क्या हुआ?"

गुप्ता पेशे से सीनियर इलेक्ट्रिकल इंजीनियर का स्टेनोग्राफर और लाल महाशय के छोटे भाई का सहपाठी था। हँसकर बोला, "अब क्या होना है! जो होना था, वह तो पन्द्रह दिन पहले ही हो गया।"

"क्या मतलब?"

गुप्ता हँसने लगा। बोला, "अभी-अभी तो खन्ना साहब आपके यहाँ से गए हैं, आपने पूछा नहीं?"

लाल महाशय ने उदासीनता से कहा, "मैं भई, किसी की प्राइवेट बातों में नहीं पड़ता। मैं क्यों पूछता?"

गुप्ता ने धीरे से कहना शुरू किया, "अपने इंजीनियर साहब तो पुराने फिंकैत हैं...," फिर आवाज़ बदलकर बोला, "देखिए साहब, यह सब किसी से आपने कह दिया तो मैं बर्बाद हो जाऊँगा।"

लाल महाशय ने प्रेम से कहा, "गुप्ता यार, तू मेरे रविन्दर का साथी है। मैं तो तुझे उसी की जगह मानता हूँ।"

गुप्ता ने कहा, "नहीं-नहीं, लाल साहब, ज़माना बुरा है। दीवारों के कान होते हैं। दाएँ हाथ को बाएँ हाथ का एतबार नहीं है। बड़े-बड़े धोखे खाए हैं। तभी डरता हूँ। पर आपको बड़ा भाई न मानता तो आता ही क्यों? सुनिए, सच बात तो यह है कि खन्ना साहब को मोटर खा गई।"

वे दुखी स्वर में बोले, "कैसे?"

"कैसे क्या? अपने साहब ने जनरल मैनेजर को इनकी मुअत्तली के लिए लिख दिया है। पाँचू ठेकेदार की शिकायत थी न? जाँच से साबित हो गया कि उसका आधा रुपया खन्ना साहब ने दबा लिया है। रसीद जाली है। उसी के पन्द्रह दिन बाद मोटर आई है।"

लाल महाशय बोले, "भगवान बुरा दिन दुश्मन को भी न दिखाए। अब बताओ गुप्ता, नौकरी किसलिए करते हैं? खाने-पहनने के लिए ही न? पर समय ऐसा आ गया है कि लोगों ने खन्ना तक को न छोड़ा।"

गुप्ता ने कहा, "आपके साथी हैं, इसलिए नहीं कहता। वरना काम तो इन्होंने ऐसा किया था कि...।" बात को बीच में छोड़कर वह बोला, "ये तो हुए मुअत्तल, अब डिप्टी इलेक्ट्रिकल इंजीनियर आप ही होंगे।"

पर लाल महाशय पर सुखद सूचना का प्रभाव प्रकट न हुआ। उदासीनता

से बोले, "क्या रखा है ऐसी तरक़्क़ी में गुप्ता? अपना तो यह रहा कि दूसरों से पाँच रुपये कम मिलें, पर कोई यह न सोचे कि हमने किसी का हक मारा। अरे भाई, दो दिन की ज़िन्दगी, किसी के बुरे बनें भी तो किसलिए?"

सहसा कुर्सी से सिमटकर वे बोले, "गुप्ता, सीनियर साहब ने तो खन्ना को बचाने का वादा किया था।"

गुप्ता बड़े ज़ोर से हँस पड़ा। उसने कोई जवाब नहीं दिया।

तब लाल महाशय ज़ोर-ज़ोर से सीनियर साहब की निष्पक्षता की प्रशंसा करने लगे।

अचानक गुप्ता ने कहा, "आपसे तो वे ख़ुश हैं। कहते थे कि रामनरेश मिस्त्री को निकाल दिया जाएगा।"

आँख सिकोड़ते हुए उन्होंने पूछा, "क्यों?"

गुप्ता ने लापरवाही से कहा, "आपके ख़िलाफ़ दरख़्वास्तें दिलाया करता है न!"

लाल महाशय ने हँसकर विषय को टाल दिया और अपने भाई रवीन्द्र की प्रशंसा करने लगे। कहते-कहते कहने लगे, "रवीन्द्र तो कहता था कि उसके मुक़ाबले में दर्जे के एक तुम्हीं थे गुप्ता...।"

उन्होंने इसके कुछ पहले ही इशारे से श्रीमती रत्ना को वहाँ से हटा दिया था। न जाने इशारा कितना लम्बा था, क्योंकि गुप्ता ने खटपट होती सुनकर देखा, उसके बगल में एक छोटी-सी मेज़ पर दो गिलास, सोडा, व्हिस्की, बरफ़ सभी कुछ रखा है।

उसकी आँखें आनन्द से फैल गईं। जब कुछ देर बाद दोनों के हाथों में व्हिस्की का गिलास पहुँच गया और पेट में व्हिस्की पहुँच गई तो लाल महाशय ने, जैसे वे बिलकुल निश्चिन्त हों, इस भाव से पूछा, "गुप्ता, यह रामनरेशवाला मामला क्या है?"

गुप्ता ने प्रसन्न होकर कहा, "लाल साहब, मुझे आप रविन्दर ही समझें। बात कुछ नहीं, बस ज़रा-सी है। बात यह है...।"

उसी के तीन दिन बाद ही श्रीमान् खन्ना निलम्बित अर्थात् मुअत्तल हुए। लाल महाशय प्रलम्बित हुए अर्थात् खन्ना के स्थान पर डिप्टी इलेक्ट्रिकल इंजीनियर बने। उनके अपने स्थान पर रामेश्वर वर्मा नाम का व्यक्ति असिस्टेंट इंजीनियर होकर आया।

वह विद्या-सम्पन्न था, विनयविपन्न था। अत्याचार का शत्रु था। अत: उसका कोई मित्र न था। आते ही उसने लाल महाशय से पूछा, "भाई साहब, खन्ना जैसे निर्मल आदमी को यह सब कैसे झेलना पड़ा?"

लाल महाशय बोले, "वर्मा साहब, अब इस बारे में कुछ न कहिए। मैं तो खरा आदमी हूँ। पता नहीं, मुँह से कब क्या निकल जाए। समय ख़राब है। सब देखते जाइए। इसी का नाम नौकरी है। और इस फैक्टरी की नौकरी? मैंने कहा, वर्मा साहब कि अब क्या कहा जाए!"

पर वर्मा के पास कुछ कहने का अभाव न था। बोला, "सीनियर ने धोखा दिया। यदि खन्ना ने उससे आशा न की होती तो शायद वह कोई बचत ढूँढ़ निकालता।"

लाल महाशय बोले, "अपना-अपना भाग्य।"

वर्मा ने चिढ़कर कहा, "क्या मतलब है आपका? यानी कि खन्ना इसी लायक था! आप उसे नहीं जानते, वह मेरा पुराना साथी है। सहपाठी भी है। हम सात साल साथ पढ़े हैं।"

लाल साहब उदास होकर बोले, "नहीं वर्मा साहब, आपको ग़लतफ़हमी हुई है। किसी ने आपसे कुछ कहा है। यह जगह बड़ी नाक़िस है। कोई किसी का नहीं है। आइए, अन्दर बैठें।"

वर्मा ने नाक सिकोड़कर कहा, "नहीं। अब क्षमा कीजिए। चलूँगा। सीनियर से अभी ही मिलना है।"

वे बोले, "भाई साहब, ग़लतफ़हमी दूर कर लेना अच्छा है।"

वर्मा ने कहा, "सुनिए लाल साहब, जहाँ एक-दूसरे के लिए प्रेम होता है वहाँ ग़लतफ़हमी नहीं होती। मैं आपको ग़लत नहीं समझ रहा हूँ। आप भी मुझे ग़लत न समझिए।"

वह तेज़ी से बँगले के बाहर निकला। साइकिल पर था। उधर से श्रीमान् खन्ना की मोटर बँगले के अन्दर आई। उसने मुस्कराकर नमस्ते का इशारा किया और आगे बढ़ गया। खन्ना ने मुस्कराकर नमस्ते का उत्तर दिया।

मोटर में श्रीमती खन्ना अपने पति से बोलीं, "साइकिल पर कौन था? कोई लाल साहब का दलाल होगा। आया होगा किसी का पेट काटने!"

आहत स्वर में श्रीमान् खन्ना ने कहा, "वही इंजीनियर वर्मा है। पैदायशी झगड़ालू है। जहाँ देखो, कुछ-न-कुछ उखाड़-पछाड़ करता है। यहाँ बड़े तिकड़म से आया है।"

वह बोलीं, "कुछ उजबक-सा है।"

श्रीमान् खन्ना कहते गए, "बहुत ही छोटे खानदान का है। भीख माँग-माँगकर पढ़ा है। मैं उसकी नस-नस जानता हूँ। मेरे ही साथ तो पढ़ता था।"

वे वर्मा की बाबत यह सब कहते रहे पर स्वयं वर्मा साइकिल पर घिसटता-घिसटता सीनियर इंजीनियर के बँगले पर पहुँच गया। सीनियर साहब ने वर्मा का जी खोलकर सत्कार किया। परन्तु उस पर सीनियर की प्रसन्न मुद्रा, मैत्रीपूर्ण भाव, कीमती सिगरेट, आरामदेह सोफा, गर्म कॉफ़ी, बरकदार पान—किसी का कोई प्रभाव न पड़ा। सीनियर साहब अपने से भी सीनियर जनरल मैनेजर की दिनचर्या, उनकी कार्यक्षमता, उनकी पूजा करने की आदत, उनकी ग़रीबपरवरी की प्रशंसा करते रहे। वर्मा सुनता रहा। वे फिर बोले, "मैंने सोचा था कि खन्ना के केस में जाकर उनसे बात कर लूँगा। शायद बेचारा बच जाता। पर मेरे पहुँचने के पहले ही उसकी मुअत्तली का आदेश आ गया।"

अब वर्मा के लिए यह असह्य हो गया। उसने कहा, "क्षमा कीजिएगा, उन्हें मुअत्तल तो आप ही की रिपोर्ट पर किया गया है।"

बच्चों के-से भोलेपन के साथ वे बोले, "यह किसने बताया तुमसे? मैं तो वर्मा, किसी को नुकसान पहुँचाना ही नहीं चाहता।"

वर्मा ने कहा, "बताएगा कौन? मैंने स्वयं वह रिपोर्ट देखी है। मैं तो हेडक्वार्टर पर ही था। क्षमा कीजिएगा, खन्ना के साथ कुछ अन्याय-सा हो रहा है।"

सीनियर साहब भावुक हो उठे। कहने लगे, "वर्मा, जब तुम मेरी जगह पहुँचोगे तब समझोगे कि मैंने वह रिपोर्ट क्यों लिखी। खन्ना के कसूर को देखते हुए उसमें कुछ भी नहीं है।"

वर्मा बोले, "आप जानते हैं कि वह कितना ईमानदार है। उसके विरुद्ध कुचक्र रचा गया है। आप चाहते तो वह बच जाता। उस रिपोर्ट को भेजना आपके लिए लाजिमी न था। आप चाहते तो उसके विरुद्ध इतनी कड़वी बातें न लिखते।"

वे बोले, "वर्मा, तुम नहीं जानते। सच कहने के लिए कभी-कभी कड़वी बात कहनी ही पड़ती है।"

न जाने क्यों वर्मा को हँसी आ गई। उसने कहा था, "या यों कहिए कि कड़वी बात कहने के लालच में कभी-कभी सच भी कहना पड़ जाता है।"

क्षण-भर के लिए सीनियर की भौहें चढ़ गईं। चेहरा तमतमा उठा। पर उसी के बाद उनके मुँह पर हास्य की निर्मल छटा फूट निकली। हँसते हुए वे बोले, "तुम्हारी हाज़िरजवाबी लाजवाब है। कमाल है।"

इसी हँसी ने वर्मा को थोड़ी देर के लिए चुप-सा कर दिया। फिर वह धीरे से नम्रतापूर्वक बोला, "मैं अपनी सीमा के बाहर जा रहा था। क्षमा कीजिएगा।"

वे हँसते रहे। बोले, "कोई बात नहीं, वर्मा, कोई बात नहीं। तुम्हारे विचार आदर्श हैं। अपने मित्रों के प्रति ऐसी वफादारी आजकल दिखाता ही कौन है? नौकरी के कुचक्र ने तुम्हारे मन पर कोई प्रभाव नहीं डाला है।"

कुछ देर बाद वर्मा चला गया। तब सीनियर महोदय जनरल मैनेजर को एक गोपनीय पत्र लिखाने लगे :

"प्रिय श्री बैनर्जी,

मुझे दु:ख के साथ कहना पड़ता है कि श्री खन्ना की मुअत्तली के सम्बन्ध में आए हुए श्री रामेश्वर वर्मा, असिस्टेंट इंजीनियर ने यहाँ आते ही जिस प्रकार से कार्य आरम्भ किया है, उससे उसका यहाँ रुकना किसी प्रकार भी उचित नहीं माना जा सकता। देखने में वह अच्छे व्यवहार का, मिष्टभाषी युवक है

पर वास्तव में वह स्थानीय गुटबन्दी और षड्यंत्र को प्रोत्साहन देने लगा है। इसी अल्पकाल में उसके विरुद्ध अत्यधिक मदिरा-पान और दुराचरण की भी शिकायत आई है। ऐसे व्यक्ति को फैक्टरी में किसी उत्तरदायित्वपूर्ण पद पर रखना किसी भी समय अवांछित परिस्थितियाँ पैदा कर सकता है।

ऐसी दशा में उनको अपने पहलेवाले स्थान पर हेडक्वार्टर में बुला लेना आवश्यक जान पड़ता है।"

साहब का बाबा

चपरासी ने अदब से परदा उठाकर गोल कमरे` में मेरा प्रवेश करा दिया। मैं सोफ़े पर बैठ गया तो उस कमरे में पहुँचाने के एहसान का बदला पाने की गरज से बड़ी मित्रता-सी दिखाते हुए उसने पूछा, "बिजली के छोटे इंजीनियर होकर आए हैं न आप?"

मैंने स्वीकृति में सर हिलाया और गम्भीर बनने की कोशिश की। पर उसकी निराधार मित्रता को जैसे आधार मिलनेवाला हो। उसने फिर पूछा, "बर्टी साहब की जगह आए हैं न?"

मैंने गम्भीरता से कहा, "हाँ।"

उसने फिर प्रेम से पूछा, "आप तो बाभन हैं न?"

डरते हुए, कि कहीं वह पैर न छू ले...मैंने स्वीकार में सर हिलाया और नाक सिकोड़कर प्रश्न के अनौचित्य पर प्रकाश डाला।

पर चपरासी पर इसका कोई प्रभाव न पड़ा। अदम्य आत्मीयता से उसने कहा, "बर्टी की जगह आप आ गए, अच्छा हुआ। बड़ा बदमाश था। सब परेशान थे।"

विषय बड़ा आकर्षक था, फिर भी चीफ के अर्दली से इस पर बात चलाई जाए या नहीं, इसी सन्देह में मैं कोई उत्तर न दे सका। धीरे से मुस्कराकर फिर गम्भीर हो गया।

चपरासी को जैसे मेरी थाह मिल गई। धीरे से, जैसे कोई घर का आदमी हो, उसने कहा, "आप बैठें, मैं साहब को इत्तिला दे आऊँ।"

वह चला गया। फिर नहीं लौटा। मैं चुपचाप गोल कमरे में बैठा रहा।

गोल कमरा चौकोर था और सुरुचिपूर्वक सजाया गया था। किसी सौ-सवा सौ रुपया महीना पानेवाले सुरुचि ने, यानी किसी विभागीय डिज़ाइनर ने समझदारी से बड़े-बड़े किताबी करिश्मे दिखाए थे। मैं एक संगमरमरी क्यूपिड—कामदेव से लेकर मिट्टी के बुद्ध तक अपनी निगाह नचाता रहा। एक साथ शृंगार और शान्त रस में निमज्जित होता रहा।

इसी बीच दरवाज़े पर आहट हुई। मैंने उठना चाहा, पर उठते-उठते बैठ गया।

लगभग सात-आठ साल का एक लड़का मेरे सामने खड़ा था। गोरा, स्वस्थ, बनियान और हाफ पैंट पहने हुए। बाल मत्थे तक फैले हुए। "घुँघराली लटें लटकैं मुख ऊपर..." आदि-आदिवाला मजमून। मन में वात्सल्य भाव उमड़ा। मैंने मुस्कराकर कहा, "हलो।"

वह हँसकर मेरे घुटने के पास आकर खड़ा हो गया। बोला, "हलो।" मैंने प्यार से उसका सर सहलाया। पूछा, "बेटा, तुम्हारा क्या नाम है?"

उसने कहा, "नहीं बताते।"

मैं झेंपकर हँसने लगा।

तब उसने पूछा, "तुम्हारा क्या नाम है?"

मैंने कहा, "नहीं बताते।"

वह मेरी गोद पर चढ़ आया। जैसे वह कोई कुर्सी हो। उसका मुलायम शरीर कुछ देर तक बड़ा भला लगा। वह मेरी जाँघों पर खड़ा हो गया, हाथ से मेरे बाल पकड़कर अपनी ओर खींचते हुए बोला, "क्यों नहीं बताते? अपना नाम बताओ?"

अब इस हालत में अपना नाम बताते हुए मुझे सचमुच झेंप लगी। मैंने उसके हाथ से अपने बाल छुड़ाए। बाल बिगड़ जाने पर मन-ही-मन उसे कोसते हुए, उसे नीचे खड़ा कर दिया। फिर, अपने बड़े होने का अनुभव होते ही, यह सर्वकालीन नसीहत दी, "अच्छे बच्चे ऐसा नहीं करते।"

अब वह बड़ी तीव्रता से दाँत पीसता हुआ मेरी गोद में चढ़ने को दौड़ा और चीख़ने लगा, "अच्छे बच्चे? अच्छे बच्चे? नाम बताओ। अपना नाम बताओ।"

मुझे डर लगा कि लोग यह न समझें कि मैं उसकी हत्या कर रहा हूँ। अतः चाकर-सुलभ सरलता से मैंने कहा, "मेरा नाम गोपाल है।"

उसने मेरी टाई अपनी ओर खींचकर आनन्द से कहा, "अरे वाह रे गुपल्लू! गुपल्लू! गुपल्लू!"

यह कहने में उसने जैसा मुँह बनाया उसी से मैंने निश्चय किया कि बच्चों को ठीक रखने के लिए छड़ी का महत्त्व अभी भली-भाँति समझा नहीं गया है।

पर मेरी टाई बिगाड़कर वह कुछ शान्त हो गया। प्रेम से बोला, "मेरा नाम लीलू है।"

मैंने कहा, "वेरी गुड।"

वह फिर बोला, "दीदी का नाम जानते हो?"

मैंने 'नहीं' के लिए सर हिलाया।

"क्वीनी, उसका यार बोलता है।"

मैंने आश्चर्य से आँखें फैलाईं। उसने कहा, "डैडी का नाम जानते हो?"

मैंने फिर वैसे ही सर हिलाया। वह बोला, "भेड़िया; शोफ़र बोलता है।... मम्मी का नाम जानते हो?"

मैंने फिर सर हिलाया तो उसने कहा, "डार्लिंग। डैडी डार्लिंग बोलते हैं।"

मैं उदास होकर बैठ गया तो उसने कहा, "वह क्या है।"

मैंने जवाब दिया, "बुद्धा।"

वह तालियाँ बजाता हुआ उछल पड़ा, बोला, "बुद्धा नहीं, बुद्धू! बुद्धू! तुम बुद्धू! तुम बुद्धू!"

मेरी हास्यप्रियता का दिवाला बहुत पहले निकल चुका था। मैंने ज़रा कड़ाई से कहा, "चुप रहो।"

इस पर वह चीख़ा, "चुप रहो नहीं; शटअप, शटअप, शटअप ब्लडी फ़ूल!"

मैंने परेशान होकर इधर-उधर देखा। तभी यह भी देखा कि बाल और टाई ही नहीं, मेरे कोट और पतलून पर भी उसका असर आ चुका है। वहाँ उसके जूतों के निशान बने हुए हैं। यह मेरी गोद में चढ़ने-उतरने का नतीजा था।

मैं रोया नहीं। धीरे से कहा, "लीलू, क्या बकते हो?"

वह मुँह मटकाता रहा, "क्या बकता हूँ? अच्छा।" कुछ देर वह चुप रहा, फिर बोला, "उस तस्वीर में क्या है?"

"जंगल है।"

"और वह लड़का और लड़की।"

मैंने क्यूपिड की मूर्ति को मन में नमस्कार करके कहा, "हाँ, वे भी हैं।"

"क्या करते हैं?"

मैं चुप रहा।

"क्या करते हैं?" वह चीख़ा।

मैंने कहा, "तुम्हीं बताओ।"

"बताऊँ?" वह कुछ देर चुप रहा। फिर चिल्लाकर बोला, "किसिंग! किसिंग! बताऊँ?"

मैं कुर्सी से उठ खड़ा हुआ। मुँह से निकला, "हे भगवान्!"

तब उसने आख़िरी दाँव लगाया, "कुत्ते का मुँह काला है, तू हमारा साला है।"

तभी दरवाज़े पर एक भूतनी आकर खड़ी हो गई। यानी, जो आकर खड़ी हुई तो उसे भूतनी कहकर समझना आसान पड़ेगा। काले शरीर पर सफ़ेद साड़ी फब रही थी। लगता था, पीपल के पेड़ से उतरकर छत पर होती हुई किसी भाँति नीचे आ गई है...।

पर मैं अन्याय कर रहा हूँ। वह मेरी रक्षा करने को आई थी। मैं उसका आदर करता हूँ। आते ही उसने कहा, "बाबा, बाऽऽ बाऽऽ, अन्दर चलो।"

बाबा आनन्द से हँसता हुआ अन्दर जाने लगा, तभी चीफ़ ने कमरे में प्रवेश किया। आते ही पूछा, "बाबा से खेल रहे थे? बड़ा शरारती है...हाँ हँ, हँ।"

वे न जाने क्या-क्या बकते रहे। मैं हारा-सा, पिटा-सा, सुनता रहा; सोचता रहा, संसार असार है। कोई किसी का नहीं। कामिनी कंचन का मोह वृथा है। स्वामी रामकृष्ण परमहंस का वचन है कि अनासक्त होकर रहो, जैसे तुम अपने दफ़्तर की सम्पत्ति को अपनी कहकर भी अपनी नहीं मानते, जैसे तुम्हारी आया तुम्हारे बच्चों को अपना मुन्ना बताते हुए भी उन्हें अपना नहीं जानती...

तभी सहसा विचार आया, जिस बाबा के वचनमात्र ने संसार को असारता समझा दी, और जिस आया के दर्शन-मात्र से कामिनी-कंचन का मोह छूट गया, उनके साथ निरन्तर रहनेवाला यह साहब कितना बड़ा परमहंस होगा! साक्षात बुद्ध!

अकस्मात् आदर से फूलकर मैं सोफ़े पर और भी सिमट आया और साहब के उपदेश को दत्तचित्त होकर भन्ते की भाँति सुनने लगा।

इतिहास

कालिदास का संक्षिप्त इतिहास

[लोक-कथाओं के आधार पर]

कालिदास का जन्म एक गड़रिये के घर में हुआ था। उनके पिता मूर्ख थे। उपन्यासकार नागार्जुन ने जिस वीरता से अपने पिता के विषय में ऐसा ही तथ्य स्वीकार किया है, वह वीरता कालिदास में न थी। अतः उन्होंने इस विषय में कुछ भी नहीं बताया। फिर भी सभी जानते हैं कि कालिदास के पिता मूर्ख थे। वे भेड़ चराते थे। फलतः कालिदास भी मूर्ख हुए और भेड़ चराने लगे। कभी-कभी गायें भी चराते थे। पर वे बाँसुरी नहीं बजाते थे। उनमें ईश्वरदत्त मौलिकता की कमी न थी। उसका उपयोग उन्होंने अपनी उपमाओं में किया है। यह सभी जानते हैं। जब वे मूर्ख थे, तब वे मौलिकता के सहारे एक पेड़ की डाल पर बैठ गए और उसे उलटी ओर से काटने लगे। इस प्रतिभा के चमत्कार को वररुचि पंडित ने देखा। वे प्रभावित हुए। उनके राजा विक्रम की लड़की विद्या परम विदुषी थी। विद्या का सम्पर्क इस मौलिक प्रतिभा से कराके वररुचि ने लोकोपकार करना चाहा। कालिदास की मूर्खता का थोड़ा प्रयोग उन्होंने राजा विक्रम और विद्या पर बारी-बारी से किया। परिणाम यह हुआ कि कालिदास का विद्या से विवाह हो गया। विद्वत्ता से मौलिकता मिल गई।

कुछ इतिहासकार कहते हैं कि वररुचि ने विद्या पर क्रोध करके उसका विवाह एक मूर्ख से कराया, यह ग़लत है। यदि वररुचि विद्या से नाराज़ होते और उन्होंने उसका अहित करना चाहा होता तो वे उसका विवाह किसी भी मूर्ख राजा से करा देते। किसी भी युग में ऐसे राजाओं की कमी नहीं रही है। सच तो यह है कि वररुचि ने जो किया, लोक-कल्याण के लिए किया।

कालिदास की मूर्खता प्रकट होने पर विद्या ने उनका तिरस्कार किया। वे देवी के एक मन्दिर में जा गिरे। उनकी जबान कट गई और देवी पर जा चढ़ी। देवी ने भ्रमवश उन्हें परम भक्त जाना। उनसे वर माँगने को कहा। मूर्ख होने के नाते कालिदास ने अपनी पत्नी के विरुद्ध कुछ कहना चाहा। किन्तु जैसे ही उन्होंने कहा, 'विद्या', भ्रमवश देवी ने समझ लिया, विद्या माँग रहा है। फिर क्या था, 'तथास्तु'। बस कालिदास विद्वान् हो गए।

आगे का इतिहास मतभेदपूर्ण है। पहले कालिदास किस शताब्दी में पैदा हुए, इसी को लीजिए। सभी जानते हैं वे विक्रमादित्य के समय में उत्पन्न हुए थे। विक्रमादित्य चौथी-पाँचवीं शताब्दी के राजा थे। चूँकि कालिदास का विवाह विक्रम की ही कन्या से हुआ था, अत: यह चौथी शताब्दी के पहले पैदा नहीं हो सकते थे। यह भी सब जानते हैं कि महाराज भोज से भी इनकी मेल-मुलाक़ात थी। 'भोजप्रबन्ध' नामक ग्रन्थ में इसके अनेक प्रकरण मिलते हैं। भोज दसवीं शताब्दी के राजा हैं। इसी से सिद्ध होता है कि कालिदास का जन्म चौथी शताब्दी में और अन्त दसवीं शताब्दी में हुआ। वे लगभग छह सौ वर्ष जीवित रहे। मेरा अनुमान है जिस तरकीब से उन्हें विद्या मिली थी उसी से उन्हें दीर्घायु भी मिली।

वे तीन शताब्दियों तक 'मेघदूत', 'कुमारसम्भव' और 'रघुवंश' जैसे काव्यग्रन्थ लिखते रहे। (ऋतुसंहार अप्रामाणिक है।) बाद में उन्होंने नाटक लिखे क्योंकि जो कविता लिखता है वह सदैव कविता नहीं लिख सकता। कभी-न-कभी अकस्मात् आलोचना पर आने के पहले वह नाटक पर अवश्य ही उतरता है। उदयशंकर भट्ट, रामकुमार वर्मा आदि इसके उदाहरण हैं। तीन

शताब्दियों में कालिदास के तीन नाटक, 'अभिज्ञान-शाकुन्तलम', 'विक्रमोर्वशीय' और 'मालविकाग्निमित्र' प्रकट हुए।

अभी कुछ दिन हुए हिन्दी पत्रों में 'साधना' शब्द को लेकर काफ़ी विवाद चला था। नये लेखक साधना-विरोधी हैं। पर कालिदास से उन्हें शिक्षा लेनी चाहिए। जन्म से मूर्खता मिलने पर भी भाग्य से उन्हें राज-सम्मान मिला, फिर भी उन्होंने पुस्तकें लिखने में जल्दी न की। छह सौ वर्षों में उन्होंने छह ग्रन्थ ही प्रकाशित कराए। इसी कारण कालिदास का नाम अब तक चला आ रहा है।

ख़ैर, यह तो विषयान्तर हुआ। विवाह के बाद कालिदास कविता लिखने लगे। यहाँ उन कवियों को कालिदास से शिक्षा लेनी चाहिए जो बिना विवाह किए ही कविता लिखने लगते हैं। इसी का फल है कि वे 'तेरे फीरोजी होंठों पर' जैसी पंक्तियाँ लिखकर होंठों के स्वाभाविक रंग से अपनी अज्ञता का प्रचार करते हैं। 'उभरे थे अम्बियों से उरोज' जैसी बात लिखकर और कुरुचि तक दिखाकर, यह नहीं जान पाते कि अम्बियाँ गिरती हैं, उभरती नहीं। जो विवाह करके कविता लिखेगा वह एक तो ऐसी गलतियाँ नहीं करेगा और करेगा भी तो उसको सही प्रमाणित करने का साहस रखेगा। इसीलिए कालिदास ने यह काम शादी के बाद आरम्भ किया। यह बात दूसरी है कि उनको अपने ससुर, विक्रमादित्य से इस विषय में प्रोत्साहन मिला। आज के कवि इतने भाग्यशाली कहाँ? कभी-कभी किसी सभा की सदस्यता पा लेने में, बची-खुची उपाधि हथिया लेने में और साक्षात अपने ससुर से श्लोक-श्लोक पर लाख-लाख मुद्राएँ फटकारने में बड़ा अन्तर है। आजकल एक तो समझदार लोग अपनी कन्या का विवाह कवि से न करके ओवरसियर से करना चाहते हैं और कवि से विवाह कर भी दिया तो उमर-भर उसके भाग्य पर अकारण रोते हैं। पर कालिदास को ये असुविधाएँ न थीं। इसलिए उनका व्यवसाय अच्छा चला। 'भोजप्रबन्ध' आदि से विदित होता है कि कुछ दिन बाद वे पक्के व्यवसायी और चतुर व्यक्ति बन गए। जैसे आजकल बहुत से साहित्यकार अपनी रचना

को पुरस्कृत कराने के लिए पहले एक पुरस्कार का विधान कराके बाद में अपनी रचना को ही सर्वश्रेष्ठ मनवा लेते हैं, वैसे ही कालिदास स्वयं राजा को समस्या सुझाकर, दूसरे कवियों की रचनाओं में राजा की इच्छा का संशोधन देकर यह प्रकट करा देते कि श्लोक उन्हीं का है और इस प्रकार सहज प्रशंसा के भागी हो जाते थे।

आज की भाँति पुराने युग में भी लोग ज्ञानवर्धन के लिए यात्रा का महत्त्व समझते थे। इसीलिए कालिदास ने भी उत्तर भारत से दक्षिण तक की यात्रा की। आज भी उत्तर भारत के बहुत से कवि दक्षिण तक जाते हैं। पर उनकी गति कालिदास जैसी नहीं है। सर्वश्री भगवतीचरण वर्मा, नरेन्द्र शर्मा, नेपाली, प्रदीप आदि तो बम्बई तक ही पहुँचे। श्रीमती विद्यावती 'कोकिल' और सुमित्रानन्दन पन्त पांडिचेरी तक जा चुके हैं। फलतः इनके साहित्य में उन स्थानों की हवा का असर है। सब कुछ होने पर भी महर्षि रमण के आश्रम से भी दक्खिन जानेवाले हिन्दी कवि बहुत कम हैं। इस हिसाब से कालिदास की सिंहलयात्रा का ऐतिहासिक महत्त्व बढ़ जाता है। वे सिंहल अर्थात् सीलोन तक गए थे। इस बीच में शायद कोई भी महत्त्वपूर्ण हिन्दी कवि सीलोन नहीं गया। आगे भी हमारे यशस्वी कवि सीलोन जाएँगे, यह नहीं कहा जा सकता, क्योंकि रेडियो सीलोन की नीति अभी भली-भाँति निश्चित नहीं हो सकी है। फिर भी यदि वे किसी सांस्कृतिक आदान-प्रदान में सीलोन पहुँच भी जाएँ तब भी कालिदास की यात्रा का महत्त्व इससे कम नहीं होता, क्योंकि उस युग में उज्जयिनी के राजभवन से सीलोन तक जाना आज के युग में दिल्ली के संसद भवन से पोलैंड तक जाने की अपेक्षा कहीं अधिक कठिन था।

कालिदास को वेश्याओं से प्रेम था। विद्वान जानते ही हैं कि कालिदास ने जिस "रमणी, सचिवः सखी मिथः प्रियशिष्या ललिते कलाविधौ" की उदात्त कल्पना की है, वह वेश्याओं में बहुत अधिक मिल सकती है। वे रमणी होती ही हैं। आपके चाहने पर वे सचिव भी हो जाती हैं, और सखी भी। 'अज विलाप' की नायिका और अपनी वेश्याओं में अन्तर केवल 'प्रियशिष्या' वाली बातों

को लेकर है। वैसे सनातन काल से अपने देश का बड़े-से-बड़ा मूर्ख भी अपनी स्त्री को अपने से अक्ल में छोटा मानकर उसे शिष्या से ऊँचा नहीं उठने देता, वेश्या के साथ ऐसी बात नहीं। आप समझदार हों तो स्वयं उसके शिष्य बन सकते हैं। कई कवियों ने तो इसी शिष्यता के सहारे कवित्त-सवैये की लकीर छोड़कर ग़ज़ल की झटकेदार कमन्द हथिया ली है। तात्पर्य यह है कि वेश्या का कवि-जीवन में जो महत्त्व है उसे हमारे जानने के पहले ही कालिदास जान चुके थे।

उनके मन में वेश्या-प्रेम कैसे जागा, इसको लेकर इतिहासकारों ने कई धारणाएँ व्यक्त की हैं। कुछ का कहना है कि वे पत्नी के शाप से वेश्यागामी बने। कुछ कहते हैं कि 'कुमारसम्भव' के नवम् सर्ग में शिव-पार्वती का संयोग-वर्णन इतना यथार्थवादी हो गया कि साक्षात पार्वती को शाप देना पड़ा कि "ओ कवि, तू स्त्री-व्यसन में मरेगा।" उसी के वशीभूत होकर कालिदास वेश्यागामी हो गए। वैसे यह कथा विश्वास-योग्य नहीं है। देवी-देवता यदि अपने नाम पर संयोग-वियोग की लीलाएँ सुनकर कवियों को शाप देने लगते तो आज तक कवि-वंश का नाश हो गया होता; नहीं तो बहुत से कवि संस्कारवश मन्दिरों के दरवाज़ों पर बैठकर बताशे बेचते होते। या कविता करते भी होते तो 'दफ़्तर की इमारत', 'चाय से लाभ', 'खेती के लिए उपजाऊ खादें' जैसे दोषहीन विषयों पर कविताएँ लिखते। यदि श्रृंगार-सुख के वर्णन से बुरा मानकर पार्वती कालिदास को शाप दे सकती हैं तो कल कोई रिसर्च का विद्यार्थी यही कहने लगेगा कि तुलसीदास का रत्नावली से वियोग इसलिए हुआ कि उन्होंने भगवान् राम को सीता के वियोग में दुखी दिखाया था और उनके मन से जड़-चेतन का विवेक मिटा दिया था।

मेरे विचार से कालिदास को वेश्या-प्रेमी इसलिए होना पड़ा कि उनके सर पर उनकी पत्नी का शाप—या प्रताप बोल रहा था। देखने की बात है कि कालिदास की पत्नी उनके प्रति शुरू से ही कठोर रही। पुरुष की विद्या और आचरण ही उसके शास्त्रोक्त गुण हैं। पहले कालिदास के पास विद्या न थी,

पर आचरण था। तब वह कालिदास का अपमान विद्याहीनता के कारण करती रही। जब वे विद्वान् हो गए और उसे कालिदास को गिराने की कोई तरकीब न सूझी तो उसने शाप देकर उनके आचरण को नष्ट कर दिया। और जब किसी सहृदय की पत्नी ही उसे शाप दे कि 'दुराचारी हो जाओ' तो फिर ऐसा कौन पति है जो इस शाप को स्वीकार न करेगा।

ये सब शोध की बातें हैं। सीधा-सादा इतिहास यह है कि कालिदास सीलोन गए। वहाँ एक वेश्या के घर रुके। वहाँ उन्होंने पुरस्कार पाने की लालच में एक समस्यापूर्ति की। तब उस वेश्या ने उन्हें मार डाला और उनकी समस्यापूर्ति के श्लोक को लेकर राजा से काफ़ी धन प्राप्त किया। बाद में उसने राजा से कालिदास को मार डालने की बात भी मान ली। इस पर राजा ने वेश्या को माफ़ कर दिया। स्वयं वे कालिदास के साथ चिता पर जल मरे।

इस घटना से सिंहल देश के तत्कालीन न्याय-पद्धति पर भी प्रकाश पड़ता है। वहाँ यदि अपराधी अपराध स्वीकार कर लेता तो वह छोड़ दिया जाता था। जिसके सामने अपराध स्वीकार किया जाता वह दंड का भागी होता था। शायद इसीलिए अपराधी तब सही-सही बात बता भी देते थे। इस पद्धति का प्रभाव भर्तृहरि-काल में अपने देश में भी था। इसीलिए उन्होंने अपनी रानी को दूसरे पुरुष में आसक्त पाकर उसे कोई दंड नहीं दिया। ख़ुद अपने को देश-निकाला दे दिया।

ये सब विषयान्तर की बातें हैं, जो केवल वैधानिक इतिहास में आनी चाहिए। हमारे जानने योग्य तो यही बात है कि कालिदास वेश्या के घर में मारे गए। यदि उनके घर की तलाशी ली गई होती तो शायद बहुत-सा कालिदास-रचित भारतीय साहित्य, जो अब सिंहल देश की राष्ट्रीय-निधि है, हमारे हाथ लग जाता। पर उस समय अपने देश का कोई हाई कमिश्नर वहाँ नहीं रहता था। इसी से यह नहीं हो पाया। वास्तव में, जिस प्रकार हमारे बहुत से वेद जर्मनी में पड़े हैं, इतिहास-ग्रन्थ इंग्लैंड में हैं, वैसे ही बहुत-सा काव्य-साहित्य सिंहल देश में है।

कालिदास का संक्षिप्त इतिहास

कालिदास का इतिहास मैंने जिस सफ़ाई से बखाना है उससे आप यह न समझें कि उसमें मतभेद नहीं है। इतिहास का सम्बन्ध सच्ची घटनाओं से है। इसलिए एक-एक घटना पर सौ-सौ मतभेद होते ही हैं। कालिदास के विषयों में भी मतभेद हैं। पर मैंने लोकप्रचलित कथाओं के आधार पर इसे रचा है। इसे लगभग नब्बे प्रतिशत जनता मानती है। इसलिए विद्वानों को इसे सच्चा इतिहास मानना ही पड़ेगा। यही प्रजातंत्र का मूल सिद्धान्त है। इसे सच्चा इतिहास मानकर कालिदास के जीवन से कई शिक्षाएँ लेनी चाहिए। कुछ निम्नलिखित हैं :

1. यदि कोई जन्म से मूर्ख है तो उसे घबराने की ज़रूरत नहीं, अच्छा विवाह-सम्बन्ध हो जाने पर, राज-सम्मान मिल जाने पर या देव के प्रसाद से मूर्ख होने पर भी आदमी अच्छा कवि माना जा सकता है, और यशस्वी हो सकता है। ऐसे यशस्वियों की कभी कमी नहीं रही।
2. समस्या-पूर्ति करके काफ़ी पैसा पैदा किया जा सकता है, पर पुरस्कार के लिए ही कविता लिखना या समस्या-पूर्ति करना कभी-कभी कुठाँव में मरवाता है।
3. वेश्याओं के यहाँ कभी न जाए। जाना ही हो तो उनके यहाँ जाकर कविता न लिखे। लिखे भी तो उसे कभी सुनाए ही नहीं। सुना भी दे तो उस पर मिलनेवाले पुरस्कार की चर्चा न करे।
4. बिना विवाह किए कविता न लिखे; लिखे भी तो उपयोगितावादी काव्य की साधना करे, 'नव विहान आया', 'कट गई रात जड़ता की, घर-घर हुआ साक्षरता प्रचार' जैसे विषयों पर।

हो सकता है कि कुछ विद्वान् कालिदास के इतिहास से सहमत न हों। शायद वे यह सिद्ध करना चाहें कि कालिदास एक उत्तम, धनी कुल में उत्पन्न हुए थे, उनके पिता भी कवि थे, उनकी प्रतिभा से प्रभावित होकर राजा विक्रमादित्य ने उन्हें अपना जामाता मान लिया था, वे सदाचारी थे, अपनी सदाशया पत्नी को छोड़कर किसी और स्त्री के, नूपुर के अलावा, कोई और आभूषण तक न पहचानते थे, उनका स्वास्थ्य बड़ा अच्छा था, नब्बे वर्ष की अवस्था में

उन्होंने 'हरि: ओम् तत्सत्' कहकर शरीर छोड़ा, आदि-आदि। जो यह सिद्ध कर ले जाएँगे वे यह भी सिद्ध कर ले जाएँगे कि कालिदास के विषय में मेरी धारणाएँ असत्य हैं। पर इससे मुझे कोई दु:ख नहीं होगा, क्योंकि उस दशा में भी कालिदास एक आदर्श कवि बने रहेंगे। साथ ही मेरा भी बड़ा भारी लाभ होगा। अपनी स्थापनाओं के खंडित हो जाने और उनके मिथ्या प्रमाणित होने पर भी मैं अमर हो जाऊँगा, क्योंकि बहुत-से इतिहासकार आज भी इन्हीं कारणों से अमर माने जाते हैं।

अखिल भारतवर्षीय आत्महत्या-निवारण-समिति का इतिहास

उस दिन मुझे एक कवि मिले। मुझे भोला-भाला समझकर बोले, "जीवन निस्सार है।" मैंने मान लिया। वे फिर एक लम्बी साँस खींचकर बोले, "संसार छलना है, मरीचिका है।" मैंने इसे भी मान लिया। इस पर उन्होंने बड़े गोपनीय भाव से कहा, "मैं तो इस जीवन से हताश हूँ पर इसे किसी की धरोहर मानकर चला रहा हूँ। नहीं तो, यह संसार मेरे लिए उजाड़ है, वीरान है।"

मैंने कहा, "इस धरोहर को हड़प लीजिए। गबन करते ही यह संसार आपको लहलहाता हुआ नज़र आएगा।"

वे शान्त, किन्तु करुण भाव से बोले, "नहीं, ऐसा नहीं होगा! यह किसी की थाती है। जानते हैं आप? कल्लोलिनी की चंचल वीचियाँ मुझे मूक निमंत्रण देती हैं, सागर की उद्धत ऊर्मियों में मैं किसी का आवाहन सुनता हूँ। पावस के तरंगायित तड़ाग मुझे पुकार-पुकारकर कहते हैं, 'अरे ओ! अरे ओ! तू, तू, तू, तू' पर नहीं, नहीं, कदापि नहीं! यह शरीर किसी की थाती है। उसी के लिए सँजो रहा हूँ। ओ तड़ाग, ओ सरिता, सागर ओ! मैं तुम्हारा नहीं। तुम्हारा नहीं!"

मैंने देखा कि कवि की जान जोखिम में है। बस इसी से मेरे मन में समाज-सुधार की भावना जागी : इस कवि की भाँति न जाने कितने साहित्यिक आत्महत्या करके काल के गाल में समा गए, आत्महत्या ही के कारण कितनी माताओं की गोद सूनी हो गई, कितनी नारियों के सुहाग लुट गए, इत्यादि-इत्यादि, न जाने क्या-क्या हो गया। इसलिए आत्महत्या से समाज को बचाना ही चाहिए...।

यही सब सोचते-सोचते मैंने एक आत्महत्या-निवारण-समिति बना डाली। विनम्रतावश मैं सभापति नहीं बना। सभापति एक ऐसे वकील को बनाया जो वकालत न चलने के कारण आत्महत्या करनेवाले थे, पर यह सोचकर रुक गए थे कि आत्महत्या करने से आदमी मर जाता है। उपसभापति मैंने इसी कवि को बनाया जो अपने शरीर को दूसरे की थाती मानकर उसे बड़े आदर और प्रेम से सँभाले हुए था। मंत्री मैं स्वयं बना क्योंकि मैं भी कभी आत्महत्या करना चाहता था, पर यह सोचकर कि आत्महत्या में कायरता है और आत्महत्या न करने में वीरता है, ऐसा करने से बच गया था।

चूँकि प्रत्येक समिति अखिल भारतवर्षीय हो ही जाती है इसलिए इसका नाम रखा गया, 'अखिल भारतवर्षीय आत्महत्या निवारण समिति।' फिर क्या था? चन्दा इकट्ठा हुआ, विज्ञापन छपे, पर्चे बँटे और समिति का वार्षिक अधिवेशन प्रारम्भ हो गया।

अधिवेशन के दिन लाखों की संख्या में जनता उपस्थित हुई। वे सभी आए जो आत्महत्या की बात सोच चुके थे। जीवन से हताश वे नवयुवक आए जिन्हें बम्बई जाने पर भी सिनेमा में काम नहीं मिला था। पढ़ी-लिखी नवयुवतियाँ आईं जिनके लिए जगत् में प्रेम ही एक सार था और कुछ सार नहीं था। कई ऐसे आए जो भर्तृहरि की तरह अपनी बीवी के हाथों चोट खा चुके थे और 'धिक् तां च तं च' का पहाड़ा पढ़ रहे थे। कई ऐसे थे जो विश्वामित्र की भाँति उमर-भर की कमाई किसी अप्सरा के चरणों में लुटा चुके थे। फिर तो बहुत-से जनता-जनार्दन आए, न जाने कितने दरिद्रनारायण आए। ऐसे कवि

आए जिन्होंने नोबेल पुरस्कार पाने की आशा से पुस्तकें लिखी थीं परन्तु वे पुस्तकें अश्लीलता के आरोप पर जब्त हो चुकी थीं। ऐसे-ऐसे राजनीतिज्ञ आए जो समाज की व्यवस्था में नूतन क्रान्ति लाने की आशा करते थे पर पॉकेटमार कहे जाकर क़स्बे के बाहर निकाल दिए गए थे। बहुत-से ऐसे भी थे जो अन्तर्जातीय और अन्तर्राष्ट्रीय विवाह के माध्यम से विश्व-बन्धुत्व का प्रसार करना चाहते थे, पर लोगों ने उन्हें बदचलन और आवारा समझ लिया था। सब ज़माने की गर्दिश में थे, सभी को बेदर्दी दुनिया ने सताया था, सभी समाज की बलिवेदी पर चढ़ चुके थे।

सम्मेलन का आरम्भ मेरे कवि मित्र की कविता और व्याख्यान से हुआ। अपनी कविता में उन्होंने फिर बताया कि जीवन निस्सार है और इसे कायम रखना बेकार है। पर यह किसी की थाती है, इसलिए इसे सँवार, सिंगारकर रखना चाहिए। तात्पर्य यह था कि इस शरीर को कष्ट न देना चाहिए। अच्छा खाना खिलाना चाहिए, बढ़िया कपड़े पहनाने चाहिए और यदि पैर में काँटा लग गया तो समझना चाहिए कि किसी ने पेट में भाला भोंक दिया है।

अपने व्याख्यान में उन्होंने समझाया "चहुँ ओर मरीचिकाओं की छलना है। प्रकृति के प्रत्येक सुरम्य, सुमधुर स्पन्दन में एक मूक इंगित है। कोई कहता है, 'चलो चलें, इस उत्पीड़न और उत्क्रन्दन के लोक के उस पार। दिवा स्वप्नों के इस मोहक आवेष्टन को तोड़कर, जीवन की जटिल विडम्बना को फोड़कर।' गहन तरुराजियों का स्वप्निल अन्धकार, दुर्गम गिरि-गह्वरों की अस्पष्ट गहनता, सागर का मर्मर, सरिता की उत्ताल तरंगें—प्रकृति के ये सभी उपादान अस्फुट स्वरों में मुझसे कहते हैं, आओ, आओ, आओ!" मैं जगत् की जड़ता से जर्जर, प्रलुब्ध-सा, मंत्रमुग्ध-सा, स्वप्नाविष्ट-सा, आगे बढ़ता हूँ। पर सुदूर क्षितिज के अन्तराल से किसी का मौन सन्देश समीरण के स्पन्दन पर चढ़कर आता है और मुझसे कह जाता है, 'नहीं, नहीं, तू अपना नहीं। किसी और का है। इस आवाहन को न सुन। इसका प्रत्याख्यान कर। अरे! ओ तू, ओ तू, ओ तू!'

कवि की आवाज़ भर्राने लगी। आँखें छलछला उठीं। शब्द लड़खड़ाने लगे। पैर डगमगाने लगे। वे बैठ गए। सब अवसाद में डूब गए। तालियाँ तक नहीं बजीं।

ऐसे ही कई व्याख्यानों के द्वारा हमने श्रोताओं को समझा दिया कि हमें ज़िन्दा रहना है, "तू जीता जा, तू जीता जा, विष को अमृत कर पीता जा।" "अकेलेपन का बल पहचान।" "न हिम्मत हार, न हिम्मत हार।" "अब भी चेत ले तू नीच।" आदि-आदि।

मैंने यह भी समझाया कि आत्महत्या कायरता की निशानी है, वीरता तो ज़िन्दा रहने में है। यह बात सभी को पसन्द आई। सर्वसम्मति से हम लोगों ने यह प्रस्ताव पास किया :

आत्महत्या-निवारक समिति के सदस्य सर्वसम्मति से यह प्रस्ताव करते हैं कि जनता जीवन के महत्त्व को समझे और यह जान ले कि आत्महत्या कायरता का नाम है और जीवित रहने में ही वीरता है। यह समिति जनता से अनुरोध करती है कि यह जीवित रहकर पृथ्वी को वीर-विहीन होने से बचा ले।

दूसरा प्रस्ताव स्वयं सभापति की ओर से आया। वकील साहब ने अपने उत्साहपूर्ण व्याख्यान में कहा, "सज्जनो, यह तो आप जानते ही हैं कि आत्महत्या एक निहायत ख़तरनाक काम है। इसमें इनसान मर तक सकता है। आपको यह भी मालूम है कि ताज़ीरात हिन्द की दफ़ा 309 के मुताबिक यह एक जुर्म भी है। मगर वह जुर्म कब है? जब कि मुलजिम आत्महत्या न कर पावे। यानी आत्महत्या जुर्म नहीं है बल्कि आत्महत्या की कोशिश करना ही जुर्म है। इसकी सज़ा भी बहुत मामूली है। मुजरिम को सिर्फ़ जेल या जुर्माना भुगतना होता है। इस सिलसिले में मेरे दो प्रस्ताव हैं :

पहला तो यह कि आत्महत्या जैसे ख़तरनाक जुर्म की कोशिश करना भी बड़ा भारी जुर्म है, इसलिए जो शख़्स आत्महत्या करने की कोशिश करता है उसे कम-से-कम फाँसी की सज़ा देनी चाहिए और इस ख़याल से दफा 309 की तरमीम की जानी चाहिए। दूसरा प्रस्ताव यह है कि जो आत्महत्या का जुर्म

कर चुका हो उसे भी सख़्त सजा देनी चाहिए। यानी, उसे भी जेल, कालापानी या फाँसी तक की सज़ा होनी चाहिए।

लोगों ने तालियाँ पीटकर इन प्रस्तावों का स्वागत किया और उन्हें सर्वसम्मति से मान लिया।

धन्यवाद देते हुए मैंने भी लगे हाथ कुछ प्रस्ताव पास करा लिये जिनका आशय यह था कि रोग का इलाज करने के बजाय उसकी रोकथाम अधिक आवश्यक है। इसलिए सर्वसम्मति से ये सुझाव दिए गए कि कवियों को तैरने की और घुड़सवारी की शिक्षा दी जाए ताकि उन्हें समुद्र और पहाड़ में आत्महत्या का आवाहन न मिले। लोगों को खुलेआम प्रेम करने और प्रेम विवाह करने की छूट दी जाए, उसमें बाधा डालनेवाले को आत्महत्या का सहायक समझकर उसका चालान किया जाए। मैंने यह भी प्रस्ताव रखा कि ग़रीबों और भुखमरों के लिए खाने-कपड़े की व्यवस्था की जाए, पर यह कहकर कि यह प्रश्न राजनीति का है और जीवन के शाश्वत सत्यों से गिरा हुआ है, कवि ने इस प्रस्ताव का विरोध किया। चूँकि हमारी समिति राजनीति और विरोध से दूर रहना चाहती थी इसलिए हमने इस प्रस्ताव को वापस ले लिया।

वह सभा ही क्या जहाँ चन्दा न हो! इसलिए मैंने अधिवेशन में दो रुपया फी नफर के रेट से चन्दे की माँग की। जिन्हें अपना जीवन दे देने में झिझक नहीं थी, उन्हें दो रुपया देने में क्या संकोच होता। देखते-देखते लगभग बीस हज़ार रुपये की पूँजी सभापति के सामने इकट्ठा हो गई।

अब आपको बता दूँ कि ऐसी महत्त्वपूर्ण समिति का अन्त किस प्रकार हुआ।

सम्पत्ति ही सब झगड़ों की जड़ है। महाभारत इसी कारण हुआ था। मैं तो उस दिन के बाद से व्यक्तिगत सम्पत्ति का शत्रु बन गया हूँ और राजनीति को अपना अन्तिम सहारा मानकर उसी में आ गया हूँ।

हुआ यह कि अधिवेशन समाप्त होते ही मैंने देखा कि सभापति और उपसभापति दोनों ही अपने सीने पर एक-एक छुरा ताने खड़े हुए हैं। सभापति

कह रहे थे, "नहीं, ऐसा नहीं हो सकता। मुझे रुपया न मिला तो मैं आत्महत्या कर लूँगा।"

कवि ने कहा, "नहीं, यह रुपया भी किसी की धरोहर है। यह मेरे शरीर के ही साथ रहेगा, वैसे ही, जैसे शरीर में मन और प्राण रहते हैं। तुम बाधा डालोगे तो मैं स्वयं आत्महत्या कर लूँगा।"

अब आप समझ सकते हैं कि क्या हुआ होगा। मेरे बीच में पड़ जाने से केवल समिति की ही हत्या हुई। उन्होंने आत्महत्या नहीं की और न आगे कभी करेंगे।

पुराण

अंगद का पाँव

वैसे तो मुझे स्टेशन जाकर लोगों को विदा देने का चलन नापसन्द है, पर इस बार मुझे स्टेशन जाना पड़ा और मित्र को विदा देनी पड़ी। इसके कई कारण थे। पहला तो यही कि वे मित्र थे। और, मित्रों के सामने सिद्धान्त का प्रश्न उठाना ही बेकार होता है। दूसरे, वे आज निश्चय ही पहले दर्जे में सफ़र करनेवाले थे, जिसके सामने खड़े होकर रूमाल हिलाना मुझे एक निहायत दिलचस्प हरकत जान पड़ती है।

इसलिए मैं स्टेशन पहुँचा। मित्र के और भी बहुत से मित्र स्टेशन पर पहुँचे हुए थे। उनके विभाग के सब कर्मचारी भी वहीं मौजूद थे। प्लेटफार्म पर अच्छी- ख़ासी रौनक थी। चारों ओर उत्साह फूटा-सा पड़ रहा था। अपने दफ़्तर में मित्र जैसे ठीक समय से पहुँचते थे, वैसे ही गाड़ी भी ठीक समय पर आ गई थी। अब उन्होंने स्वामिभक्त मातहतों के हाथों गले में मालाएँ पहनीं, सबसे हाथ मिलाया, सबसे दो-चार रस्मी बातें कहीं और फ़र्स्ट क्लास के डिब्बे के इतने नज़दीक खड़े हो गए कि गाड़ी छूटने का ख़तरा न रहे।

गाड़ी छूटनेवाली थी। लोगों ने सिगनल की ओर देखा। वह गिर चुका था।

अब चूँकि कुछ और करना बाक़ी न था इसलिए उन्होंने उन लोगों में से एक आदमी से बातें करनी शुरू कीं जो ऊपरी मन से हर काम के आदमी को दावत के लिए बुलाते हैं और जिनकी दावतों को हर आदमी ऊपरी मन से हँसकर टाल दिया करता है। हमारे मित्र भी उनकी दावत टाल चुके थे। इसलिए वे कहने लगे, "इस बार आऊँगा तो आपके ही यहाँ रुकूँगा।"

वे हँसने लगे। कहने लगे, "आप ही का घर है। आने की सूचना भेज दीजिएगा। मोटर लेकर स्टेशन आ जाएँगे।" तब मित्र ने कहा कि मोटर की क्या ज़रूरत है। तब वे बोले कि वाह साहब, मोटर आप ही की है, इसमें तकल्लुफ़ की क्या ज़रूरत है। तब मित्र बोले कि तकल्लुफ़ घरवालों से तो किया नहीं जाता। तब वे बोले, जाइए साहब, ऐसा ही घरवाला मानते तो आप बिना एक शाम हमारे ग़रीबख़ाने पर रूखा-सूखा खाए यों ही न निकल जाते। तब मित्र ने कहा कि ऐसी क्या बात है; आप ही का खाता हूँ। तब वे हें-हें करने लगे। तभी गाड़ी ने सीटी दे दी और लोग आशापूर्वक सिगनल की ओर झाँकने लगे।

मैंने इस बातचीत में कोई दिलचस्पी नहीं दिखाई क्योंकि मित्र को हमेशा मेरे ही यहाँ आकर रुकना था और हम दोनों इस बात को जानते थे।

ठीक वैसे ही जैसे मित्र दफ़्तर में आते तो समय से थे पर जाने में हमेशा कुछ देर कर देते थे वैसे ही समय हो जाने पर भी गाड़ी ने सीटी तो दे दी पर चली नहीं। इसलिए फिर रुक-रुककर इन विषयों पर बातें होने लगीं कि मित्र को पहुँचते ही सबको चिट्ठी लिखनी चाहिए और उस शहर में अमरूद अच्छे मिलते हैं और साहब, आइएगा तो अमरूद ज़रूर लाइएगा। तब पुराने नौकर ने बताया कि नाश्तेदान को बिस्तर के पीछे रख दिया है। तभी पुराने हेड क्लर्क बोले कि बिस्तर तो सीट पर बिछा दिया गया है। तब एकाउंटेंट ने कहा कि बिस्तर का सिरहाना उधर के बजाय इधर होता

तो अच्छा होता क्योंकि उधर कोयला उड़कर आएगा। तब हेड क्लर्क बोले कि नहीं, कोयला उधर नहीं आएगा बल्कि उधर से सीनरी अच्छी दिखेगी। तभी कैशियर बाबू आ गए; उन्होंने मित्र को दस रुपये की रेजगारी दे दी। तब मित्र ने खुलेआम उनके कन्धे को थपथपाया और खुले गले से उन्हें धन्यवाद दिया।

पर इस सबसे न तो कुछ होना था, न हुआ। लोग महीना-भर से जानते थे कि मित्र को जाना है। इसलिए मतलब की सभी बातें पहले ही अकेले में ख़त्म हो चुकी थीं और सबके सामने वे सभी बातें की जा चुकी थीं जो सबके सामने कही जाती हैं। सामान रखा ही जा चुका था, टिकट ख़रीदा ही जा चुका था। मालाएँ डाली ही जा चुकी थीं। हाथ या गले या दोनों मिल ही चुके थे और गाड़ी चलने का नाम तक न लेती थी। थिएटर में जब हीरो पर वार करने के लिए विलेन ख़ंजर तानकर तिरछा खड़ा हो जाता है, उस वक़्त परदे की डोरी अटक जाए तो सोचिए क्या होगा? कुछ वैसी ही हालत थी। परदा नहीं गिर रहा था।

चूँकि मेरे पास करने को कोई बात नहीं रह गई थी इसलिए मैं मित्र से कुछ दूर जाकर खड़ा हो गया और किसी ऐसे आदमी की तलाश करने लगा जो बराबर बात कर सकता हो। जो ऐसा आदमी नज़र में आया उसे मित्र की ओर ठेल भी दिया। उसने अपनी हमेशावाली मुस्कान दिखाते हुए कहा, "आपके जाने से यहाँ का क्लब सूना हो जाएगा।" मित्र ने हँसकर इस तारीफ़ से इनकार किया। उसने फिर कहा, "पहले ब्राउन साहब के ज़माने में टेनिस इसी तरह चली थी, पर बीच में दब गई थी। आपके ज़माने में फिर ज़ोर पकड़ने लगी थी, पर अब देखिए क्या होता है।" मित्र बोले, "होता क्या है? आप चलाइए।" तभी वे एकदम नाराज़ हो गए। तुनककर बोले, "मैं क्या चला सकता हूँ जनाब, मुझे तो ये लड़के क्लब का सेक्रेटरी ही नहीं होने देना चाहते। अब कोई टिकियाचोर सेक्रेटरी हो तभी टेनिस चलेगी। मुझे तो ये निकालने पर आमादा हैं।" बोलते-बोलते वे अकड़कर खड़े हो गए। मित्र

ने हँसकर इस विषय को टाला। उसके बाद इनकी बातों का भी दिवाला पिट गया और बात आई-गई हो गई।

पर गाड़ी नहीं चली।

मित्र कुछ देर तक बेचैनी से सिगनल की ओर देखते रहे। कुछ लोग प्लेटफॉर्म पर इधर-उधर टहलकर पान-सिगरेट के इन्तज़ाम में लग गए। कुछ को अन्तर्राष्ट्रीय समस्याओं ने इस कदर बेज़ार किया कि वे पास के बुकस्टॉल पर अख़बार उलटने लगे। कुछ के मन में कला, कौशल और ग्रामोद्योगों के प्रति एकदम से प्रेम उत्पन्न हो गया। वे पास की एक दुकान पर जाकर हैंडिक्रैफ्ट के कुछ नमूने देखने लगे। तब एक पुराना स्थानीय नौकर मित्र के हाथ लग गया। उसे देखते ही अचानक मित्र के मन में समाज की समाजवादी व्यवस्था के प्रति विश्वास पैदा हो गया। वे हँसकर उसकी प्रशंसा करने लगे। तब वह रोकर अपनी पारिवारिक विपत्तियाँ सुनाने लगा। अब मित्र बड़े करुणाजनक भाव से उसकी बातें सुनने लगे। तब कुछ टिकट-चेकर तेज़ी से आए और सामने से निकल गए। मित्र ने उनकी ओर देखा, पर जब तक वे कुछ बात करने की बात तय करें कि वे आगे निकल गए। तब तक एक लम्बा-सा गार्ड सीटी बजाता हुआ निकला। हेड क्लर्क ने कहा, "सुनिए साहब," पर यह उसने अनसुना कर दिया और सीटी बजाता हुआ आगे बढ़ गया।

पर गाड़ी फिर भी नहीं चली।

कुछ को परिस्थिति पर दया आई और वे फिर मित्र के पास सिमट आए। पर घूम-फिरकर कई लोगों ने कई छोटे-छोटे गुट बना लिये और कला के लिए जैसे कला—वैसे बात के लिए बातें चल निकलीं। एक साहब की निगाह मित्र की फूल-मालाओं पर गई। उनको उसी से प्रेरणा मिली। बोले, "गेंदे के फूल भी क्या कमाल पैदा करते हैं। असली फूल-मालाएँ तो गेंदे के फूलों की ही बनती हैं।"

बातचीत की सड़ियल मोटर एक बार जब धक्का खाकर स्टार्ट हो गई तो उसकी फटफटाहट फिर क्या पूछना! दूसरे महाशय ने कहा, "इंडिया में अभी

तो जैसे हम बैलगाड़ी के लेवल से ऊपर नहीं उठे, वैसे ही फूलों के मामले में गेंदे से ऊपर नहीं उभर पाए। गाड़ियों में बैलगाड़ी, मिठाइयों में पेड़ा, फूलों में गेंदा, लीजिए जनाब, यही है आपकी इंडियन कल्चर!"

इसके जवाब में एक-दूसरे साहब ने भीड़ के दूसरे कोने से चीख़कर कहा, "अंग्रेज़ चला गया पर अपनी औलाद छोड़ गया।"

इधर से उन्होंने कहा, "जी हाँ, आप जैसा हिन्दुस्तानी रह गया पर दिमाग़ बह गया।" इतना कहकर, जवाब में आनेवाली बात का वार बचाने के लिए वे फिर मित्र की ओर मुख़ातिब हुए और कहने लगे, "बताइए साहब, गुलाब की वो-वो वेरायटी निकाली हैं कि...।"

तभी गार्ड ने फिर सीटी दी और वे चौंककर इंजिन की ओर देखने लगे। इंजिन एक नये ढंग से सीं-सीं करने लगा था। कुछ सेकंड तक यह आवाज़ चलती रही, पर उसके बाद फिर पहलेवाली हालत पर आ गई, ठीक वैसे ही, जैसे दफ़्तर छोड़ने के पहले मित्र कभी-कभी कुर्सी से उठकर भी कोई नया काग़ज़ देखते ही फिर से बैठ जाते थे। तब उस पुष्प-प्रेमी ने अपना व्याख्यान फिर से शुरू किया, "हाँ साहब, तो अंग्रेज़ों ने गुलाब की वो-वो वेरायटी निकाली हैं कि कमाल हासिल है! सन बर्स्ट, पिंक पर्ल, लेडी हैलिंग्टन, ब्लैक प्रिंस, वाह, कमाल हासिल है! और अपने यहाँ? यहाँ तो जनाब वही पुराना टुइयाँ गुलाब लीजिए और ख़ुशबू का नगाड़ा बजाइए।"

बात यहीं पर थी कि इस बार गार्ड ने सीटी दी। बहस थम गई। पर कुछ देर गाड़ी में कोई हरकत नहीं हुई। इसलिए वे दूसरे महाशय भी भीड़ को फाड़कर सामने आ गए। अकड़कर बोले, "हाँ साहब, ज़रा फिर से तो चालू कीजिए वही पहले का दिमाग़वाला मजमून। मेरा तो भई, दिमाग़ हिन्दुस्तानी ही है, पर आइए, आपके दिमाग़ को भी देख लें।"

तब मित्र महोदय बड़े ज़ोर से हँसे और बोले, "हातिम भाई और सक्सेना साहब में यह हमेशा ही चला करता है। याद रहेंगे, साहब, ये झगड़े भी याद रहेंगे।"

इस तरह यह बात भी ख़त्म हुई, झगड़े को मजबूरन मैदान छोड़ना पड़ा। उधर सिगनल गिरा हुआ था। इंजिन फिर से 'सीं-सीं' करने लगा था। पर गाड़ी अंगद के पाँव-सी अपनी जगह टिकी थी।

भीड़ के पिछले हिस्से में दर्शनशास्त्र के एक प्रोफ़ेसर धीरे-धीरे किसी मित्र को समझा रहे थे, "जनाब, ज़िन्दगी में तीन बटे चार तो दबाव है, कोएर्शन का बोलबाला है, बाक़ी एक बटे चार अपनी तबीयत की ज़िन्दगी है। देखिए न, मेरा काम तो एक तख़्त से चल जाता है, फिर भी दूसरों के लिए ड्राइंगरूम में सोफ़े डालने पड़ते हैं। तन ढाँकने को एक धोती बहुत काफ़ी है, पर देखिए, बाहर जाने के लिए यह सूट पहनना पड़ता है। यही कोएर्शन है। यही ज़िन्दगी है। स्वाद ख़राब होने पर भी दूध छोड़कर कॉफ़ी पीता हूँ, जासूसी उपन्यास पढ़ने का मन करता है पर कांट और हीगेल पढ़ता हूँ, और जनाब गठिया का मरीज़ हूँ, पर मित्रों के लिए स्टेशन आकर घंटों खड़ा रहता हूँ।"

वे और उनके श्रोता—दोनों रहस्यपूर्ण ढंग से हँसने लगे और फिर मुझे अपने नज़दीक खड़ा पाकर और ज़ोर से खुलकर हँसने लगे ताकि मुझे उनकी निश्छलता पर सन्देह न हो सके।

गाड़ी फिर भी नहीं चली।

अब भीड़ तितर-बितर होने लगी थी और मित्र के मुँह पर एक ऐसी दयनीय मुस्कान आ गई थी जो अपने लड़कों से झूठ बोलते समय, अपनी बीवी से चुराकर सिनेमा देखते समय या वोट माँगने में भविष्य के वादे करते समय हमारे मुँह पर आ जाती होगी। लगता था कि वे मुस्कराना तो चाहते हैं पर किसी से आँख नहीं मिलाना चाहते।

तभी अचानक गार्ड ने सीटी दी। झंडी हिलाई। इंजिन का भोंपू बजा और गाड़ी चलने को हुई। लोगों ने मित्र से उत्साहपूर्वक हाथ मिलाए। फिर मित्र ही डिब्बे में पहुँचकर लोगों से हाथ मिलाने लगे। कुछ लोग रूमाल हिलाने लगे। मैं इसी दृश्य के लिए बेचैन हो रहा था। मैंने भी रूमाल निकालना चाहा, पर रूमाल सदा की भाँति घर पर ही छूट गया था। मैं हाथ हिलाने लगा।

अंगद का पाँव

एक साहब वज़न लेनेवाली मशीन पर बड़ी देर से अपना वज़न ले रहे थे और दूसरों का वज़न लेना देख रहे थे। गार्ड की सीटी सुनते ही वे दौड़कर आए और भीड़ को चीरते हुए मित्र तक पहुँचे। गाड़ी के चलते-चलते उन्होंने उत्साह से हाथ मिलाया। फिर गाड़ी को निश्चित रूप से चलती हुई पाकर हसरत के साथ बोले, "काश, कि यह गाड़ी यहीं रह जाती।"